FLTRP CHINESE LANGUAGE TRAINING SERIES — EXCEL IN CHINESE

外研社国际汉语培训教材 ——"卓越汉语"系列

U0744899

Excel in Chinese

★ ★ ★ ★ ★

Better Chinese, Better Business

③

卓越汉语 · 商务致胜

主　编：王惠玲　周　红

编　写：周　红　周　虹

卢惠惠　姚宏强

吴　琼

英文翻译：胡修浩

外语教学与研究出版社

FOREIGN LANGUAGE TEACHING AND RESEARCH PRESS

北京　BEIJING

图书在版编目 (CIP) 数据

卓越汉语. 商务致胜. 3 / 王惠玲，周红主编；周红等编写. — 北京：外语教学与研究出版社，2012.11
(2021.9 重印)
外研社国际汉语培训教材. "卓越汉语" 系列
ISBN 978-7-5135-2610-4

Ⅰ. ①卓… Ⅱ. ①王… ②周… Ⅲ. ①商务－汉语－对外汉语教学－教材 Ⅳ. ①H195.4

中国版本图书馆 CIP 数据核字 (2012) 第 278377 号

出 版 人　徐建忠
选题策划　李彩霞
责任编辑　蔡　莹
封面设计　姚　军
版式设计　北京锋尚制版有限公司
出版发行　外语教学与研究出版社
社　　址　北京市西三环北路 19 号（100089）
网　　址　http://www.fltrp.com
印　　刷　北京虎彩文化传播有限公司
开　　本　889×1194　1/16
印　　张　14
版　　次　2013 年 1 月第 1 版　2021 年 9 月第 5 次印刷
书　　号　ISBN 978-7-5135-2610-4
定　　价　50.00 元（含 MP3 光盘一张）

购书咨询：（010）88819926　电子邮箱：club@fltrp.com
外研书店：https://waiyants.tmall.com
凡印刷、装订质量问题，请联系我社印制部
联系电话：（010）61207896　电子邮箱：zhijian@fltrp.com
凡侵权、盗版书籍线索，请联系我社法律事务部
举报电话：（010）88817519　电子邮箱：banquan@fltrp.com
物料号：226100001

记载人类文明
沟通世界文化
www.fltrp.com

　　"卓越汉语"系列国际汉语培训教材是外研社针对非学历型学生在培训项目中学习基础汉语及专业汉语的实际需求，专门组织国内外多所高等院校及培训机构的教学专家编写，并全新推出的一整套教学资源解决方案。"卓越汉语·商务致胜"系列作为其中的综合性商务汉语培训教材，由上海财经大学"国际商务汉语教学与资源开发基地（上海）"的一线教师集体编写。该系列教材同时还是上海财经大学"211"三期重点学科建设项目之一。

一、编写缘由

　　随着世界经济一体化的不断发展，世界各国与中国的经贸交流与合作在更深更广的层面上展开，商务汉语的使用频率日益增多，使用程度日益加深。商务汉语的学习可大大满足各国与中国开展经济交流中产生的实际需求。同时，"商务"的内涵也在不断扩大，除贸易外，还涉及金融、保险、投资、法律等领域。

　　基于此，上海财经大学在多年商务汉语教学实践基础上，力图打破传统的听、说、读、写分技能训练模式，变为听、说、读、写融为一体的商务汉语技能综合训练模式，也就是打造一套综合性的商务汉语培训教材，旨在有效提高学生在商务活动以及与商务有关的日常生活、社会交往中运用汉语进行交际的能力。

　　2007年9月，本系列教材的编写工作正式启动。教材由上海财经大学多位商务汉语教学经验丰富的教师参与编写，并在教学中多次试用，历时4年。整套教材由周红老师统稿。

二、适用对象与目标

　　"卓越汉语·商务致胜"系列教材面向海内外学习者，供进行培训的外国学生及企业界人士学习商务汉语使用。教材共分五册，各册的教学目标与商务汉语考试（BCT）等级标准相吻合，如下所示：

	适用对象	拟用学时 （50分钟/学时）	教学目标	BCT 级别
第1册	有半年（340学时）汉语学习经历者	80	达到在与商务有关的日常生活中能运用汉语进行基本交流的水平。	1级
第2册	有一年（680学时）汉语学习经历者	80	达到在与商务有关的社交中运用汉语进行基本交流的水平。	2级
第3册	有一年半（1020学时）汉语学习经历者	80	达到在商务活动中比较有效地运用汉语进行交流的水平。	3级
第4册	有两年（1360学时）汉语学习经历者	80	达到在商务活动中比较熟练地运用汉语进行交流的水平。	4级
第5册	有两年半（1700学时）汉语学习经历者	80	达到在商务活动中自如、得体地运用汉语进行交流的水平。	5级

三、编写原则

1. 整体性。将听、说、读、写融为一体，在一定量语言输入的基础上使学生能够有效输出，以培养学生的商务汉语交际能力。主要体现在：

（1）每课内容始终围绕一个商务话题展开，提供了较丰富的商务情景，使学生沉浸其中，较好地掌握某一商务话题的表达方式。

（2）在课文选材上，每册各有侧重，而且主、副课文的选取关注口语与书面语的差别。如下所示：

	内容	形式
第1册	迎送、饮食、住宿、购物、办公等。	每篇课文的字数在300字左右。主课文为对话体，副课文为叙述体。会话均为商务情景中的会话，副课文为故事或小常识。
第2册	联系、会见、出行、考察、文化等。	每篇课文的字数在350字左右。主课文为对话体，副课文为叙述体。会话均为商务情景中的会话，副课文为故事，增加对企业的介绍。
第3册	银行、租房与购房、物业管理及服务、市场调查、营销、企业文化等。	每篇课文的字数在450字左右。主课文为对话体，副课文为叙述体。增加访谈类会话，增加对企业文化的介绍。
第4册	招聘与应聘、谈判、电子商务、物流、跨国投资等。	每篇课文的字数在550字左右。主课文为对话体，副课文为叙述体。增加访谈类会话，增加真实案例。
第5册	创业与效益、企业管理、世界贸易组织、倾销与反倾销、知识产权、劳动合同法、经济全球化与本土化、环境保护与经济发展等。	每篇课文的字数在1000字左右。主课文和副课文均为叙述体。内容均为真实案例，尤其是知名企业的经典案例。

（3）综合训练分"听说"与"读写"两大部分，参照了商务汉语考试题型，有助于学生听说读写技能全面、均衡发展，还可提高其商务汉语应试能力。而且，各册技能训练循序渐进，各有侧重。如下所示：

	听力	口语	阅读	写作
第1册	三种题型：选择正确的应答；听简短对话后选择答案；根据听到的内容填空。	三种题型：根据情景补充会话；情景会话，包括角色扮演；讨论。	主要题型有：选词填空；连线搭配合适的词语；选择正确答案；连词成句；阅读与复述。	主要题型有：完成对话；用所给词语完成句子。
第2册	同第1册。	同第1册。	同第1册。	同第1册。
第3册	增加一种题型：听两段短文后选择答案。短文多为对话形式。	三种题型：看图会话；情景模拟；讨论。	主要题型有：选词填空；搭配合适的词语；选择正确答案。	主要题型有：用所给词语完成句子；写作，多为商务信函类，如启事、通知、邀请函、感谢信、介绍信等。
第4册	短文增加访谈形式，并增加叙述体形式的听力材料。	同第3册。	同第3册。	同第3册。商务信函类写作包括还价函、订购函、投诉信、建议信等。
第5册	三种题型：听简短对话或讲话后选择答案；听三段短文后选择答案（短文多为访谈或叙述体形式）；根据听到的内容填空。	两种题型：情景会话，多为问题解决型会话；讨论。	主要题型有：选词填空；搭配合适的词语；选择正确答案；完形填空。	主要题型有：用所给词语完成句子；写作，多为有关商务话题的议论文写作。

2．丰富性。本系列教材参照《商务汉语考试大纲》的商务汉语交际功能项目，主要包括四个方面的内容：与商务有关的日常生活、社交与文化、广义商务活动以及宏观经济背景，所涵盖的商务话题丰富系统。列表如下：

	商务话题	商务情景	主课文	副课文
第1册	迎送	迎接	欢迎来上海	接人趣闻
		送别	一路平安	您一路走好
	住宿	订房间	您要单人间还是双人间？	新型旅馆
		客房服务	商务中心真方便	宾至如归

（续表）

	商务话题	商务情景	主课文	副课文
第1册	宴请	宴请客人	欢迎各位的到来	接到家宴邀请之后
		餐桌礼仪	接风洗尘	学会使用筷子
	购物	购物问价	这件衣服很适合您	物美价廉的"商店"
		售后服务	主板摔坏了	保修期已经过了
	日常办公	办公室交流	请您签字	在办公室接电话
		新员工及公司介绍	欢迎新员工	上班第一天
第2册	商务联络	客户联络	订购真丝面料	与客户沟通的三种方法
		会议通知	请您参加产品推介会	你知道"电话会议"吗？
	会见	拜访	拜访总裁	初次拜访客户
		送别宴会	送别宴会	一次精心准备的晚宴
	出行	联系旅行社	就"云南七日游"吧	还是自助游好
		订票	有下午的航班吗？	电子机票
	考察	参观企业	贵公司规模不小吧？	细致的海尔人
		参加展览会	这次展销会收获很大	自办展销会
	商业习俗	商店起名	给商店起个好名字	好店名，好生意
		商店开张	恭喜发财	小店开张
第3册	银行业务	开户汇款	开户汇款	信用卡理财选择多
		办理贷款	按揭买房	贷款买车好处多
	房产与物业	租房购房	租金可以再便宜一点儿吗？	终于有了自己的房子
		物业管理	召开业主大会	拾金不昧的管理员
	市场调查	了解行情	搞一些促销活动吧	市场研究员的一天
		参加交易会	参加服装交易会	感受广交会
	广告策略	广告策划	广告策划得怎么样了？	广告有真有假
		商机无限	无限商机尽在互联网	节日新商机
	市场营销	经营理念	"顾问式"销售理念	TCL的"鹰文化"
		企业形象	海尔服务美名传	海尔员工不肯迟到一秒
第4册	招聘与应聘	招聘	招聘秘书	招聘行政人员的经验
		应聘	销售员面试	应聘成功的法宝
	商务谈判	商谈价格	这个报价高了点儿	合理报价
		谈判技巧	独家代理	没有回报，决不让步
	电子商务	网上交易	网上开店	网购高手孙雯雯
		电子贸易	中国的电子商务	未来的电子商务
	物流管理	商品仓储	高位库存	小技巧可以解决大问题
		商品运输	我建议您投保一切险	沃尔玛降低运输成本的学问

（续表）

	商务话题	商务情景	主课文	副课文
第4册	国际投资	跨国公司业务发展	跨国公司如何保持竞争优势	跨国公司的文化融合
		跨国公司在中国	跨国公司在中国	肯德基在中国
第5册	创业与效益	如何创业	卖菜也要创品牌	王嘉廉的传奇故事
		提高效益	成功的华为模式	格兰仕的生存之道
	企业管理	产品创新	娃哈哈的奇迹	海尔的"拜用户主义"
		员工培训	东京迪斯尼乐园的员工培训	销售人员的培训
	国际贸易	世界贸易组织与中国	普通人的入世盛宴	汽车扩大了生活半径
		贸易壁垒	促进中国制鞋业成长	绿色贸易壁垒
	经济法规	知识产权	《读者》改名风波	卡拉OK版权费公示后的反应
		合同法	签订劳动合同要慎重	飞行员解除劳动合同
	环保与经济发展	经济全球化与本土化	雀巢咖啡巧妙进入中国市场	西门子的本土化
		环境保护与经济发展	经济型汽车的明天	让环保成为一种时尚

3. 案例式。突破传统的商务汉语教学模式，借鉴针对专门用途的语言教学中颇受欢迎的案例教学模式。主要体现在：

（1）主、副课文均采用有情节的案例事件，导入相关商务知识。案例分为模拟真实商务事件的案例和白描真实商务事件的案例两类。

（2）每课内容的设置围绕案例教学法的教学环节展开。"课前预习"是对商务内容的准备；"生词"、"语言点"和"即学即用"是对语言知识的准备；"综合训练"的听说部分是在扩展性语言输入基础上对商务话题展开分析、讨论与模拟，读写部分是对相关商务话题语言点的进一步复习与巩固；副课文是在学生自学基础上展开相关讨论，使学生通过商务汉语案例学习提高自学能力。

4. 实用性。课文选材、综合练习等内容结合实际商务活动，通过案例学习，使学生能够模拟商务情景，提高实际应用能力。具体体现在：

（1）商务话题参照《商务汉语考试大纲》商务汉语交际功能项目，具有较强的适用性。

（2）课文取材于网络，注重商务情景的真实性与典型性，并根据教学要求进行了较大程度的改编。

（3）主、副课文商务话题相关，又有一定扩展性，两者相辅相成。主课文的课堂重点是学习与讨论，副课文以学生自学与教师点拨为主。

（4）综合练习借鉴商务汉语考试题型，围绕相关商务话题展开听、说、读、写训练，并在一定程度上扩展商务情景，使学生能够沉浸于相关商务话题的学习中。

四、编写体例

本系列教材每册5个单元，每个单元2课。每课分主课文和副课文两大板块。主课文板块大致由课文、课前预习、生词、注释、语言点、即学即用、综合练习等部分构成。副课文板块由课文、生词与课后练习三部分构成。副课文与主课文在内容上属于同一商务话题，具有扩大词汇量和提高快速阅读能力的作用。一般来说，主课文要求精讲精练，副课文要求教师引导与学生自学相结合。

功能模块	序号	具体板块	板块说明
商务话题模块	1	导读	针对相关商务话题，引导学生预习课文和自学。
	2	核心句	主课文中体现一定商务功能的句子，便于学生掌握常用的商务用语。
主课文与主课文预习模块	3	主课文	注重可读性、趣味性、实用性与时效性。
	4	课前预习	针对主课文的阅读理解题，供学生预习课文时使用。
	5	生词	汉字提供简繁双体，加注拼音、词性和英文释义。
	6	注释	用以介绍课文中的商务背景知识。
语言模块	7	语言点	选取课文中的重要词语或句子，着重讲解其用法。
	8	即学即用	针对语言点部分的即时操练。
技能训练模块	9	综合练习	分听说练习和读写练习两大部分。练习设计循序渐进。每道练习题都围绕相关商务话题展开，达到提高学生的商务交际能力的目标。
副课文模块	10	副课文	对相关商务话题的扩展性材料。
	11	生词	汉字提供简繁双体，加注拼音、词性和英文释义。
	12	课后练习	包括词语训练、课文理解、商务话题讨论。

五、使用说明

每课8学时，80学时可完成一册。下面是一课内容的教学安排。

教学环节	学时安排	教学要求
课前布置课文与语言讲解	2学时	布置学生预习课文与生词，并做课前预习题。讲解课文与重点词语，扫清语言障碍。
话题讨论	1学时	对导读中的问题进行讨论。
听说练习	2学时	老师指导学生做综合训练听说部分。
读写练习	1学时	课前布置学生做作业，老师在课上检查并讲解。
副课文学习	1学时	学生提前预习，课堂上老师讲解重点词语，检查练习，进行商务话题讨论。

（续表）

教学环节	学时安排	教学要求
巩固与复习	1学时	巩固与复习本课重点词语与常用表达。
总计	8学时	

　　以上学时安排供教师参考，教师也可根据学生的汉语实际水平与本校教学时间酌情处理。此外，我们还为副课文配套编写了一些补充练习，供有余力的老师和学生使用，这些资源可到外研社的www.chineseplus.com网站下载。

　　本系列教材的编写得到上海财经大学有关领导的大力支持。外语教学与研究出版社的彭冬林和李彩霞两位老师，在教材编写成书的全过程中积极指导并给我们提出了许多有价值的建议，责任编辑李扬、谢丹凌、许杨等为教材的出版付出了辛勤努力，在此谨表示衷心的感谢。我校语言学及应用语言学专业包旭媛、陈夏瑾、霍雨佳、李雪、刘婷、刘晓亮、庞玉丽、孙助文、陶晓亮、吴成杰、许晓寅、赵亚琼12位研究生参与了部分篇目素材的收集工作，在此一并表示感谢。

　　本系列教材课文内容选自网络稿件。我们根据教学需要对所选材料进行了一些删改。因时间紧迫，部分作者尚未联系上，请作者主动联系我们，我们将按照著作权法有关规定支付稿酬，在此谨对有关媒体及相关撰稿者致谢。

编者
2012年12月

缩略语和说明性略语
Short forms and labels

1	*n.*	noun	名词	míngcí
2	*v.*	verb	动词	dòngcí
3	*adj.*	adjective	形容词	xíngróngcí
4	*mw.*	measure word	量词	liàngcí
5	*pron.*	pronoun	代词	dàicí
6	*adv.*	adverb	副词	fùcí
7	*prep.*	preposition	介词	jiècí
8	*conj.*	conjunction	连词	liáncí
9	*idiom.*	idiomatic expression	成语/习语	chéngyǔ/xíyǔ
10	*NP*	noun phrase	名词短语	míngcí duǎnyǔ
11	*VP*	verb phrase	动词短语	dòngcí duǎnyǔ

目录

单元	主课文	核心句	语言点	副课文	页码
	第四课 召开业主大会	1. 两个月前，我们小区业主联名提议增设小区健身设备。 2. 现在小区里的健身设备已经十分陈旧了，急需维修和更新。 3. 我觉得光维修不行，需要更换新设备了。 4. 周经理，业主的提议批下来了吗？ 5. 这件事我去安排，把专业人员请来，一定会给你们一个满意的答复。	1. 差点儿 2. 光 3. 进行	拾金不昧的管理员	49
第三单元 市场调查	第五课 搞一些促销活动吧	1. 今天请大家来，主要是想交流一下最近的工作情况。 2. 上个月我们做了一次关于产品满意度的市场调查。 3. 根据调查，85%的顾客认为产品很适合他们。 4. 这个问题再和售后服务部沟通一下。 5. 下一步我们的广告宣传应该在产品质量上做文章，要让顾客感觉到物有所值。	1. 关于 2. 根据 3. 和……不相上下 4. 搞 5. 在……上做文章	市场研究员的一天	63
	第六课 参加服装交易会	1. 那就安排销售部的王经理去参加吧。 2. 小李，你把海报张贴一下。 3. 欢迎您选购我们的服装。 4. 如果我要大量订货，还能优惠吗？ 5. 我们可以给您2%的优惠。	1. 动词＋起来 2. 超过 3. 给……的优惠	感受广交会	79

第一单元　银行业务
第一课　开户汇款

核心句　Key sentences

▶ 你好，我是韩国人，我想开户。

Hi! I am from the Republic of Korea, and I would like to open an account.

▶ 我们需要看一下您的护照。请您把这张申请表填写一下。

We need to have a look at your passport. Would you please fill in this application form?

▶ 好了，给您存折和"牡丹卡"，请核对一下。

Here are your bankbook and your Peony Card. Please check.

▶ 如果我要汇款到韩国，应该怎么办理？

What should I do if I want to remit money to the Republic of Korea?

▶ 有什么不明白的问题，您可以拨打95588咨询。

You may seek advice by dialing 95588 if you have questions.

主课文
Text

开户汇款

李允美是一位在中国工作的韩国人，她到中国工商银行开户并询问汇款的事情。

李允美：你好，我是韩国人，我想开户。

职　员：好的。我们需要看一下您的护照。请您把这张申请表填写一下。

李允美：要填哪些内容？

职　员：把姓名、住址、联系电话、护照号码和存款金额填清楚就可以。您需要办理"牡丹卡"吗？

李允美："牡丹卡"是什么？

职　员：是工商银行的现金存取款卡。您只要到ATM机（自动取款机）上操作就可以，不需要到银行排队，可以节省您的时间。

李允美：那很好，我办一张吧。

职　员：请您填写一下申请表。您先到那边填写，填完后再到我这里来。不清楚的地方可以询问大厅里的值班人员。

李允美：谢谢。

李允美：填好了，这样行吗？

职　员：好的，没问题。您等一下……好了，请把存款递给我。

（李允美把钱递给银行职员。）

职　员：好，稍等。……请您输入密码……请您再次输入密码……好了，给您存折和"牡丹卡"，请核对一下。

李允美：谢谢。如果我要汇款到韩国，该怎么办理？

职　员：您可以使用网上银行，比较方便。您先注册个人网上银行，再到我们银行开通，这样您就可以在家里完成汇款了。

李允美：好的，我回去试试。

职　员：有什么不明白的问题，您可以拨打95588咨询。

课前预习 Preview

根据课文内容选择正确答案。 Choose the correct answers according to the text.

1. 李允美在哪儿工作? ( )
   A. 韩国　　　　　B. 中国工商银行　　C. 中国　　　　D. 不知道

2. 下面哪一项是在银行开户时不需要填写的内容? ( )
   A. 姓名、住址　　B. 工作单位　　　　C. 护照号码　　D. 存款金额

3. 关于牡丹卡,下面哪一项课文中没有提到? ( )
   A. 购物时可以使用　　　　　　　B. 可到ATM机上存取款
   C. 不需要到银行排队　　　　　　D. 可节省时间

4. 李允美在中国工商银行办理了什么业务? ( )
   A. 只办了存折　　　　　　　　　B. 办了存折和牡丹卡
   C. 只办了牡丹卡　　　　　　　　D. 注册了个人网上银行

5. 银行职员告诉李允美可以通过什么方式汇款到韩国? ( )
   A. 邮局　　　　　B. 电话　　　　　　C. 银行柜台　　D. 网上银行

生 词 New words

序号	简体	繁体	拼音	词性	英语释义
1.	开户	開户	kāihù	v.	open an account
2.	汇款	匯款	huìkuǎn	v.	remit money
3.	护照	護照	hùzhào	n.	passport
4.	存款	存款	cúnkuǎn	v./n.	deposit money;bank savings
5.	取款	取款	qǔkuǎn	v.	draw money
6.	操作	操作	cāozuò	v.	operate
7.	排队	排隊	páiduì	v.	join a queue
8.	大厅	大廳	dàtīng	n.	lobby
9.	值班	值班	zhíbān	v.	be on duty
10.	递	遞	dì	v.	pass

序号	简体	繁体	拼音	词性	英语释义
11.	密码	密碼	mìmǎ	n.	code, pin
12.	存折	存摺	cúnzhé	n.	deposit book; bankbook
13.	核对	核對	héduì	v.	check
14.	注册	注册	zhùcè	v.	register
15.	开通	開通	kāitōng	v.	open
16.	完成	完成	wánchéng	v.	finish
17.	咨询	咨詢	zīxún	v.	consult

专有名词 Proper nouns

序号	简体	繁体	拼音	英语释义
1.	中国工商银行	中國工商銀行	Zhōngguó Gōngshāng Yínháng	ICBC (Industrial and Commercial Bank of China)
2.	牡丹卡	牡丹卡	Mǔdānkǎ	Peony Card
3.	ATM机	ATM機	ATM jī	ATM (Automatic Teller Machine)

语言点 Language points

1
S+把+N+V+形容词结果补语

原文:（你）把姓名、住址、联系电话、护照号码和存款金额填清楚就可以。

用法: "把"字句表示主语作用于宾语，使其产生某一结果。结果可由形容词性补语充当。

（1）今天你要把材料整理好，明天开会用。

（2）经理把杯中的酒全喝完了，我们也只好干了。

（3）他把这件事调查清楚了，今天下午就向经理汇报（huìbào; report）。

2
这样

原文: 您先注册个人网上银行，再到我们银行开通，这样您就可以在家里完成汇款了。

用法: 指示代词，指示性质、状态、方式、程度等。可以做定语或状语，也可以做补语或谓语。用"这样"的句子一般接上文。

（1）我喜欢买这样的商品，价廉物美。

（2）如果你觉得这样做能提高工作效率，就这样做吧。

（3）没想到他英语说得这样好。

（4）多调查，多研究，这样才不会落后。

（5）就这样吧，下次再聊。

3
连动句

原文：我回去试试。

用法：连动句是两个或两个以上动词构成谓语的单句。主要语义关系有：

（1）表示动作的先后关系。例如：他跑过来跟我说话。

（2）前面动词说明后面动词的动作方式。例如：他站着跟我说了一会儿话。

（3）后面动词表示前面动词的目的。例如：他去北京游览长城。

（4）前后动词表示因果关系。例如：小王病了躺在床上。

（5）前后动词表示互补关系。例如：他俩站着不动。

（6）前后动词表示条件和行为的关系。例如：小王有能力完成这个任务。

即学即用 Language in use

1. 请用"主语+'把'+宾语+动词+形容词结果补语"完成句子。

Complete the sentences with "S +'把'+ N + V + adjective as result complement".

（1）明天会议室开会，你安排人打扫，你可以说：

_____。

（2）电脑坏了，你快点儿_____，资料还在里面。

（3）明天你陪客人吃饭，一定要_____。

2. 请用"这样"完成句子。Complete the sentences with "这样".

（1）我第一次碰到_____。

（2）学习英语要多听多说，_____。

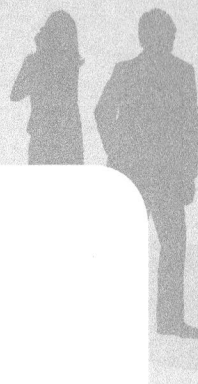

（3）如果早知道他是＿＿＿＿＿＿＿，我们就不跟他合作了。

（4）如果你觉得这样翻译好，就＿＿＿＿＿＿＿＿＿＿＿。

3. 请用"连动句"完成句子。Complete the sentences with serial verb sentences.

（1）他坐在沙发上＿＿＿＿＿＿＿＿＿＿＿＿＿＿＿。

（2）下周他要跟经理去韩国＿＿＿＿＿＿＿＿＿＿＿。

（3）小李有资格（zīgé; qualification）＿＿＿＿＿＿＿＿。

（4）你快点儿回办公室＿＿＿＿＿＿＿＿＿＿＿＿＿。

综合练习 Integrated exercises

听说练习 Listening and speaking exercises

一、根据听到的句子和它的三个应答，选择最恰当的应答。Choose the most proper responses according to the sentences and the three responses you hear.

1.（　　）　　A.　　B.　　C.

2.（　　）　　A.　　B.　　C.

3.（　　）　　A.　　B.　　C.

4.（　　）　　A.　　B.　　C.

5.（　　）　　A.　　B.　　C.

6.（　　）　　A.　　B.　　C.

二、根据听到的对话，选择最恰当的答案。Choose the most proper answers according to the conversations you hear.

1. 她决定去哪个银行开户？　　　　　　　　　　　　　　　（　　）

　　A．上海银行　　　　　　　　B．中国工商银行

　　C．中国银行　　　　　　　　D．中国农业银行

2. 王经理在哪儿？　　　　　　　　　　　　　　　　　　　（　　）

　　A．办公室　　B．会议室　　C．餐厅　　D．营业大厅

3．那位女士在银行做什么？　　　　　　　　　　　　　　　　（　　）

    A．存款　　　　　　　　　　　　B．询问境外汇款的事情

    C．取款　　　　　　　　　　　　D．询问怎样使用网上银行

4．办理开户不需要填写什么？　　　　　　　　　　　　　　　（　　）

    A．联系电话　　　B．护照号码　　C．工作单位　　D．存款金额

5．女的是做什么的？　　　　　　　　　　　　　　　　　　　（　　）

    A．值班人员　　　B．出纳员　　　C．服务员　　　D．技术人员

6．女的遇到了什么问题？　　　　　　　　　　　　　　　　　（　　）

    A．忘记带存折了　　　　　　　　B．输错密码了

    C．拿错存折了　　　　　　　　　D．忘记存折密码了

三、根据听到的两段话，选择正确答案。Choose the correct answers according to the two paragraphs you hear.

1—3题

1．关于选择汇款方式，哪一项没有提到？　　　　　　　　　（　　）

    A．境外汇款　　　　　　　　　　B．到账时间

    C．取款网点　　　　　　　　　　D．汇款的手续费

2．如果是异地跨行汇款，深圳发展银行的最高收费金额是多少？（　　）

    A．10元　　　　　B．50元　　　　C．150元　　　　D．200元

3．异地同行汇款业务的时限一般是多少？　　　　　　　　　（　　）

    A．不确定　　　B．2至3天内　　C．24小时之内　　D．3至5天内

4—6题

4．关于信用卡，哪一项不正确？　　　　　　　　　　　　　（　　）

    A．每个大学生最多只可以办理两张卡。

    B．大四的学生过了12月就不能办信用卡了。

    C．信用卡可以给大学生提供良好的信用报告。

    D．大学生一直可以办理6张卡的套餐。

5．在大学校园里使用银行信用卡的大学生比例是多少？　　　（　　）

    A．25.6%　　　　B．17%　　　　C．12%　　　　D．20%

6. 使用银行信用卡令人担忧的是什么? （　）

   A. 透支消费后无力还款。

   B. 25%的大学生持有信用卡。

   C. 发卡量已达17万张。

   D. 最多只可以办理两张卡。

四、根据听到的内容填空。Listen to the recording and fill in the blanks.

五、看图说话。Picture descriptions

1

2

3

4

六、 情景会话。Situational conversations

1. 角色扮演。Role play

角色1: 顾客小王

任务 { 顾客给银行打电话，询问有关开户汇款的事情。

角色2: 银行职员

任务 {
银行职员——答复：
（1）需要带哪些材料；
（2）办理哪些汇款手续；
（3）银行的营业时间。
}

2. 下面是银行和邮局的汇款单图样，请你向朋友介绍如何填写汇款单。

七、讨论。Discussion

1. 你知道有哪些汇款方式？

2. 银行卡与信用卡一样吗？请说出它们的相同之处与不同之处。

读写练习 Reading and writing exercises

一、选词填空。Fill in the blanks with the most proper words.

填写	排队	操作	递
核对	注册	开通	咨询

1. 给您存折和信用卡，请_____一下。

2. 请_____这张申请表。

3. 请把存款单_____给我，我填一下。

4. 银行里人很多，常常需要_____。

5. 现在很多人的家里都已经_____了网络。

6. 他会_____电脑，你可以跟他学一学。

7. 有问题可以打电话向王律师_____。

8. 他们已经在美国_____结婚了。

二、词语连线。Match the words.

1. 填写	a. 内容
2. 询问	b. 申请表
3. 输入	c. 情况
4. 核对	d. 任务
5. 开通	e. 密码
6. 完成	f. 网上银行

三、选择正确答案。Choose the correct answers.

1. 李小姐到中国工商银行开户_____询问汇款的事情。　　（　　）

　　A. 又　　　　　　B. 也　　　　　　C. 并　　　　　　D. 就

2. 请您_____这张入学申请表填写一下。　　（　　）

　　A. 给　　　　　　B. 把　　　　　　C. 为　　　　　　D. 到

3. _____会操作电脑，_____能用网上银行汇款。　　　（　　）

    A．只要……就……   B．先……再……

    C．不仅……而且……   D．虽然……但是……

4. 请把那本词典递_____我。　　　　　　　　　　　　（　　）

    A．了   B．过   C．一下   D．给

5. 每天坚持锻炼，_____身体就会好。　　　　　　　　（　　）

    A．只要   B．这样   C．而且   D．不过

6. 今天我去银行办了一_____信用卡。　　　　　　　　（　　）

    A．个   B．件   C．张   D．种

四、 用所给词语完成句子。Complete the sentences with the given words.

1. _____，就可以不用到银行排队存取款了。（只要）

2. 下个月我要参加这个研讨会，请王秘书_____。（"把"字句）

3. 公司要做好市场调查，_____。（这样）

4. 这项工作要_____。（完成）

5. 今天完成工作，明天_____。（就）

6. 周末他喜欢_____。（连动句）

五、写作。Writing

        刘芸刚到一家外贸公司报到，公司人事部通知她来参加岗前培训、填写网上个人信息表、办理工资卡等。请你代人事部发一份通知。

        通知，就是用书面形式告诉对方某件事情。通知主要由标题、称谓、正文和落款四部分构成。落款主要是发函单位和日期。正文主要包括：通知的原因，说明所通知的事项，提出执行要求或表达某种期望。

通知参考例文：

员工录用通知书

尊敬的刘女士：

很高兴通知您，您已被亦美公司录用。请您于2012年6月12日来公司报到，报到时请您提供以下文件：

1. 原单位离职证明，由原单位盖章（入职当天请提交）；
2. 养老金、失业转移单或缴纳证明；
3. 身份证原件及复印件四张；
4. 学历证明、职称证书原件及复印件两张；
5. 四张身份证照片（1寸蓝底）；
6. 近期体检报告。

预祝您在新的工作岗位上愉快、进步！

亦美公司人事部

2012年5月30日

副课文 Further reading

信用卡理财选择多

信用卡在人们日常生活中的应用已经越来越普遍了，功能也日益增多。人们除了享受刷卡的便捷之外，还可利用信用卡理财。

女性卡：购物更优惠

据调查，信用卡透支者大多是中青年职业女性，她们消费力旺盛，信用比男性好。不少银行的女性卡提供了女性喜爱的购物优惠功能。如招商银行的瑞丽信用卡，持卡人可以成为瑞丽俱乐部的会员，享受会员活动的很多优惠。

商务卡：出行更方便

商务卡为商务人士的出行、工作带来了方便。如广发银行的南航明珠卡可以根据积分享受机票优惠，而且这张卡还是一张国际标准的信用卡，设有人民币和美元的双币账户，可以在全球100多个国家和地区使用。

生活卡：生活更愉快

目前拥有私家车的人越来越多，建设银行推出了龙卡汽车卡，可提供汽车加油、维修、美容、租赁等增值服务，大大方便了持卡人。

学生卡：提前学理财

招商银行推出的学生卡，不仅有"先消费、后还款"，"一卡双币、全球通用"功能，还有"信用报告"、"免费分期"等功能。

生 词 New words

序号	简体	繁体	拼音	词性	英文释义
1.	理财	理财	lǐcái	*v.*	manage money matters
2.	普遍	普遍	pǔbiàn	*adj.*	universal
3.	功能	功能	gōngnéng	*n.*	function
4.	日益	日益	rìyì	*adv.*	increasingly
5.	享受	享受	xiǎngshòu	*v.*	enjoy
6.	刷卡	刷卡	shuākǎ	*v.*	swipe a card
7.	便捷	便捷	biànjié	*adj.*	convenient
8.	据	據	jù	*prep.*	according to
9.	调查	調查	diàochá	*v.*	investigate
10.	透支	透支	tòuzhī	*v.*	overdraw
11.	者	者	zhě	*pron.*	person
12.	职业	職業	zhíyè	*n.*	profession, occupation
13.	消费力	消费力	xiāofèilì	*n.*	spending power
14.	旺盛	旺盛	wàngshèng	*adj.*	vigorous
15.	提供	提供	tígōng	*v.*	provide
16.	持卡人	持卡人	chíkǎrén	*n.*	card holder

序号	简体	繁体	拼音	词性	英文释义
17.	俱乐部	俱樂部	jùlèbù	*n.*	club
18.	商务	商務	shāngwù	*n.*	business
19.	省心	省心	shěngxīn	*v.*	save worries
20.	出行	出行	chūxíng	*v.*	go out
21.	根据	根據	gēnjù	*prep.*	according to
22.	积分	積分	jīfēn	*n.*	credit card points
23.	设	設	shè	*v.*	set up
24.	双币	雙幣	shuāngbì	*n.*	dual-currency
25.	拥有	擁有	yōngyǒu	*v.*	own
26.	私家车	私家車	sījiāchē	*n.*	private car
27.	推	推	tuī	*v.*	push
28.	加油	加油	jiāyóu	*v.*	refuel
29.	美容	美容	měiróng	*v.*	improve one's looks
30.	租赁	租賃	zūlìn	*v.*	rent
31.	增值	增值	zēngzhí	*v.*	add value
32.	通用	通用	tōngyòng	*v.*	apply universally
33.	分期	分期	fēnqī	*v.*	by stages

专有名词 Proper nouns

序号	简体	繁体	拼音	英文释义
1.	招商银行	招商銀行	Zhāoshāng Yínháng	China Merchants Bank
2.	瑞丽俱乐部	瑞麗俱樂部	Ruìlì Jùlèbù	Rali Club
3.	广发银行	廣發銀行	Guǎngfā Yínháng	Guangdong Development Bank
4.	南航明珠卡	南航明珠卡	Nánháng Míngzhūkǎ	Pearl Credit Card of China Southern Airlines
5.	建设银行	建設銀行	Jiànshè Yínháng	Construction Bank
6.	龙卡	龍卡	Lóngkǎ	Dragon Card

练习 Exercises

一、根据课文内容选择正确答案。Choose the correct answers according to the text.

1. 这篇文章的主要内容是什么？ （ ）
   A. 人们享受信用卡的便捷　　　　B. 信用卡的功能日益增多
   C. 使用信用卡购物有优惠　　　　D. 信用卡的理财功能

2. 下面哪一项说法不正确？ （ ）
   A. 使用广发银行的南航明珠卡，购物更优惠
   B. 信用卡透支者大多是中青年职业女性
   C. 不少银行的女性卡提供了女性喜爱的购物优惠功能
   D. 中青年职业女性消费力旺盛，信用比男性好

3. 下面哪一项不是南航明珠卡的功能？ （ ）
   A. 可以根据积分享受机票优惠　　B. 设有人民币和美元的双币账户
   C. 南航明珠卡是一张女性卡　　　D. 可在全球100多个国家和地区使用

4. 推出龙卡汽车卡的是哪家银行？ （ ）
   A. 招商银行　　B. 建设银行　　C. 广发银行　　D. 工商银行

5. 拥有"先消费、后还款"，"信用报告"，"免费分期"等功能的是哪种卡？（ ）
   A. 女性卡　　　B. 生活卡　　　C. 商务卡　　　D. 学生卡

二、选择正确答案。Choose the correct answers.

1. 他在三年的工作_____，取得了非常大的进步。 （ ）
   A. 上　　　　　B. 中　　　　　C. 下　　　　　D. 里

2. 他在报纸_____看到不少公司受经济危机影响关门了。 （ ）
   A. 里　　　　　B. 上　　　　　C. 中　　　　　D. 下

3. 今天有两件事：_____要去看朋友，_____要去看电影。 （ ）
   A. 除了……还……　　　　　　　B. 如果……就……
   C. 虽然……但是……　　　　　　D. 只要……就……

4. _____了解，这家公司已经和韩国某公司签好了合同。 （ ）
   A. 从　　　　　B. 人们　　　　C. 据　　　　　D. 根据

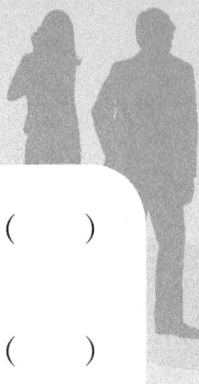

5．他是一个足球爱好_____，常常到这儿来踢球。　　　　　（　　）

　　A．人　　　　　　B．者　　　　　　C．的人　　　　D．×

6．目前拥有私家车的人_____多。　　　　　　　　　　　（　　）

　　A．越来越　　　　B．越　　　　　　C．日益　　　　D．普遍

三、选词填空。Fill in the blanks with the most proper words.

| 普遍 | 日益 | 享受 | 便捷 | 调查 |
| 旺盛 | 提供 | 拥有 | 租赁 | 分期 |

1．在这家餐厅你可以_____到地道的法国菜。

2．超市、商场越来越多，人们的生活也越来越_____。

3．人们的生活水平_____提高。

4．现在_____汽车的人越来越多了。

5．汽车在人们的日常生活中越来越_____了。

6．据_____，这款手机很受年轻人喜爱。

7．我觉得这套房子不错，就签了房屋_____合同。

8．公司为职员_____了非常好的工作环境。

9．购买汽车，可以_____付款。

10．他精力_____，一天工作十几个小时都不累。

四、讨论。Discussion

1．请你谈谈信用卡的功能。

2．不少银行推出了大学生信用卡。请你谈谈大学生使用信用卡有哪些好处和坏处。

导读 ► **Warm-up**

► 你怎么向银行职员介绍你的购房情况?
► 怎样向客户介绍银行的房贷情况?
► 你知道有哪些还款方式吗?

第一单元 银行业务

第二课 按揭买房

核心句 **Key sentences**

► 我想咨询一下房屋按揭的情况。

I am here to seek your advice on applying for mortgage.

► 我购买的是个人住房, 已经签订了临时买卖合约, 成交价是120万元。

I intend to buy the house for myself. I have signed the Temporary House Purchase Contract and the total price goes to RMB 1.2 million.

► 不知道需要提供哪些材料才能申请贷款?

What other materials are needed before I can apply for a loan?

► 哪一种比较合算?

Which alternative is better?

► 准备好材料后, 我会到贵行来办理的。

I would come to the bank when I have got everything ready.

主课文 Text

按揭买房

　　山本先生是一位在上海一家外企工作的日本人。他看中一套房子后，来到上海银行咨询房屋按揭问题。

山　本：早上好。我想咨询一下房屋按揭的情况。

职　员：好的，请你先介绍一下房子的情况。

山　本：我购买的是个人住房，已经签订了临时买卖合约，成交价是120万元。

职　员：你有没有其他银行的按揭贷款？

山　本：我没有任何贷款，这是第一次。

职　员：你在中国工作几年了？外籍人士要在中国工作一年以上才能买房。

山　本：我已经在上海工作10年了。

职　员：好的。我先介绍一下我们银行的房贷情况。个人住房贷款总额最高可达房价的70%，贷款期限最长为30年，商业贷款年利率为6.12%。

山　本：那我就申请70%的银行按揭。

职　员：那您需要首付36万元，贷款84万元。你打算贷多长时间？

山　本：20年吧。不知道需要提供哪些材料才能申请贷款？

职　员：您要先准备身份资料、个人收入证明和购房合同，交给我们审核。

山　本：身份资料包括什么？

职　员：对您来说，要准备护照、居留证原件及复印件。

山　本：谢谢。我想再了解一下还款方式。

职　员：有等额本息和等额本金两种方式。

山　本：有什么差别吗？

职　员：等额本息每月还相同的金额。等额本金就是每月等额还本金，本金剩余数额减少，利息也减少，刚开始时还款金额较高，然后逐月递减。

山　本：谢谢，哪一种比较合算？

职　员：如果您有能力的话，等额本

需要提供哪些材料？

房屋信贷

身份资料、个人收入证明和购房合同。

金比较合算。

山　本：可以提前还贷吗？

职　员：当然可以，不过还款6个月以上才可以提出申请，否则收取违约金。

山　本：噢，我明白了。准备好材料后，我会到贵行来办理的。

职　员：好的。再见！

课前预习　**Preview**

根据课文内容选择正确答案。　Choose the correct answers according to the text.

1. 山本先生到银行做什么？　　　　　　　　　　　　　　　　　　　　（　）

　　A．存款　　　　　　　B．取款　　　　　　C．贷款买房　　　　D．咨询房贷

2. 山本先生购房的成交价是多少？　　　　　　　　　　　　　　　　　（　）

　　A．36万元　　　　　　B．84万元　　　　　C．120万元　　　　D．156万元

3. 个人住房贷款期限最长是多少年？　　　　　　　　　　　　　　　　（　）

　　A．30年　　　　　　　B．20年　　　　　　C．15年　　　　　　D．10年

4. 申请贷款不需要提供什么材料？　　　　　　　　　　　　　　　　　（　）

　　A．个人收入证明　　　　　　　　　　B．学位证明

　　C．购房合同　　　　　　　　　　　　D．护照、居留证原件及复印件

5. 关于还款，文章中没有提到哪一项？　　　　　　　　　　　　　　　（　）

　　A．等额本金还款比较合算

　　B．有等额本息和等额本金两种方式

　　C．不按期还款，信用会受影响

　　D．还款6个月以上才可以提出提前还贷申请

生　词　**New words**

序号	简体	繁体	拼音	词性	英文释义
1.	外企	外企	wàiqǐ	n.	foreign company
2.	看中	看中	kànzhòng	v.	take a fancy to
3.	套	套	tào	mw.	set

序号	简体	繁体	拼音	词性	英文释义
4.	按揭	按揭	ànjiē	*v.*	mortgage
5.	中介公司	中介公司	zhōngjiè-gōngsī	*n.*	real estate agent
6.	签订	簽訂	qiāndìng	*v.*	sign
7.	临时	臨時	línshí	*adj.*	temporary
8.	合约	合約	héyuē	*n.*	agreement
9.	成交价	成交價	chéngjiāojià	*n.*	transaction price
10.	贷款	貸款	dàikuǎn	*n./v.*	loan
11.	期限	期限	qīxiàn	*n.*	time limit
12.	利率	利率	lìlǜ	*n.*	interest rate
13.	首付	首付	shǒufù	*n.*	down payment
14.	材料	材料	cáiliào	*n.*	material
15.	审核	審核	shěnhé	*v.*	examine and verify
16.	居留证	居留證	jūliúzhèng	*n.*	residence permit
17.	原件	原件	yuánjiàn	*n.*	original material
18.	复印件	複印件	fùyìnjiàn	*n.*	copy
19.	还款	還款	huánkuǎn	*v.*	repay
20.	方式	方式	fāngshì	*n.*	way
21.	等额本息	等額本息	děng' é běnxī	*n.*	average capital plus interest
22.	等额本金	等額本金	děng' é běnjīn	*n.*	matching the principal repayment
23.	剩余	剩餘	shèngyú	*v.*	remain
24.	利息	利息	lìxī	*n.*	interest
25.	逐月	逐月	zhúyuè	*adv.*	month by month
26.	递减	遞減	dìjiǎn	*v.*	decrease progressively
27.	合算	合算	hésuàn	*adj.*	worthwhile

序号	简体	繁体	拼音	词性	英文释义
28.	还贷	還貸	huándài	*v.*	repay loan
29.	否则	否則	fǒuzé	*conj.*	or
30.	收取	收取	shōuqǔ	*v.*	charge
31.	违约金	違約金	wéiyuējīn	*n.*	penalty

专有名词 Proper noun

序号	简体	繁体	拼音	英文释义
1.	上海银行	上海銀行	Shànghǎi Yínháng	Bank of Shanghai

语言点　Language points

1 以上

原文： 外籍人士要在中国工作一年以上才能买房。

用法： 名词，表示位置、次序或数量等在某一点上面。"以上"前面常搭配数量词、时间词等。反义词为"以下"。

（1）公司项目经理年薪在30万元以上。

（2）我们公司希望招聘年龄在25岁以上、45岁以下的管理人才。

（3）经理以上的职位只有两个，不知你想竞争（jìngzhēng；compete）哪一个？

（4）这家公司50%以上的职员是大学本科毕业。

2 达

原文： 个人住房贷款总额最高可达房价的70%。

用法： 动词，达到（多指数量大、程度高等）。

（1）他是公司总经理，年收入可达100万元。

（2）一名钟点工月收入可达三千元。

（3）今年这家企业的销售额可达6.75亿元。

3 然后

原文：刚开始时还款金额较高，然后逐月递减。

用法：连词，表示接在某种动作或情况之后。

（1）我整理完资料，然后给经理发了封电子邮件。

（2）许多人投资买房，然后以高价卖出。

（3）这件事先研究一下，然后再作决定。

4 否则

原文：还款6个月以上才可以提出申请，否则收取违约金。

用法：连词，表示"如果不这样"，后面带产生的结果。

（1）公司一定要贷到款，否则就要破产（pòchǎn; bankrupt）了。

（2）下周一定要完成这个项目，否则就要赔款（péikuǎn; pay an indemnity）了。

（3）一定要学好外语，否则很难进外企。

即学即用 Language in use

1. 请用"以上"完成句子。Complete the sentences with "以上".

（1）全市＿＿＿＿＿＿＿＿＿＿＿都是私营（sīyíng; private）企业。

（2）近年来，外商投资规模扩大，＿＿＿＿＿＿＿＿的企业就有数十家。

（3）上半年，外商投资＿＿＿＿＿＿＿＿＿＿＿＿＿＿＿＿。

2. 请用"达"完成句子。Complete the sentences with "达".

（1）今年房价非常高，一些地段的房价＿＿＿＿＿＿＿。

（2）一些品牌服装的利润＿＿＿＿＿＿＿＿＿＿。

（3）这座办公楼＿＿＿＿＿＿＿＿＿＿＿＿＿。

3. 请用"然后"完成句子。Complete the sentences with "然后".

（1）经理布置完今天的工作，＿＿＿＿＿＿＿＿＿＿＿＿＿＿。

（2）他先租了一间房子，＿＿＿＿＿＿＿＿＿＿＿＿＿＿。

（3）他先去机场接客人，＿＿＿＿＿＿＿＿＿＿＿＿＿＿。

4 请用"否则"完成句子。Complete the sentences with "否则".

（1）维修电器时一定要带好发票和维修卡，_____。

（2）企业要不断提高管理水平，_____。

（3）我必须和他面谈，_____。

综合练习 Integrated exercises

听说练习 Listening and speaking exercises

一、根据听到的句子和它的三个应答，选择最恰当的应答。Choose the most proper responses according to the sentences and the three responses you hear.

1. （　　）　　　A.　　　　　B.　　　　　C.

2. （　　）　　　A.　　　　　B.　　　　　C.

3. （　　）　　　A.　　　　　B.　　　　　C.

4. （　　）　　　A.　　　　　B.　　　　　C.

5. （　　）　　　A.　　　　　B.　　　　　C.

6. （　　）　　　A.　　　　　B.　　　　　C.

二、根据听到的对话，选择最恰当的答案。Choose the most proper answers according to the conversations you hear.

1. 男的到银行做什么？　　　　　　　　　　　　　　　　　（　　）

　　A. 咨询银行房贷情况　　　　　　　B. 介绍房贷情况

　　C. 签订临时买卖合同　　　　　　　D. 咨询银行汇款

2. 他们在讨论什么？　　　　　　　　　　　　　　　　　　（　　）

　　A. 房子的质量　　　　　　　　　　B. 房子的价格

　　C. 房子降价　　　　　　　　　　　D. 推销房子

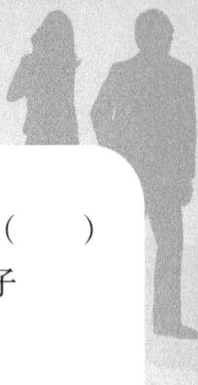

3．女的来找中介做什么？ （　）

A．购买新房 　　　　　　　B．购买1999年以后的房子

C．咨询房源 　　　　　　　D．想卖新城区的房子

4．男的要买什么？ （　）

A．汽车 　　　B．家电 　　　C．房子 　　　D．手表

5．去年的商业贷款利率是多少？ （　）

A．5.94% 　　B．0.18% 　　C．6.12% 　　D．5.76%

6．他想买多大的房子？ （　）

A．120.8平方米 　　　　　　B．180平方米

C．100平方米左右 　　　　　D．90平方米左右

三、 根据听到的两段话，选择正确答案。Choose the correct answers according to the two paragraphs you hear.

1—3题

1．这段话的主要内容是什么？ （　）

A．王先生想购买一辆车。

B．办理分期无息贷款购车很简单。

C．分期无息贷款购车成为一种生活方式。

D．不少银行都推出了无息贷款购车业务。

2．王先生购车大约需要首付多少钱？ （　）

A．4万元 　　B．8万元 　　C．12万元 　　D．10万元

3．关于无息贷款购车，哪家银行没有提到？ （　）

A．建设银行 　　B．工商银行 　　C．农业银行 　　D．招商银行

4—6题

4．"工薪族"是什么意思？ （　）

A．有钱的人 　　　　　　　B．没钱的人

C．在公司工作的人 　　　　D．靠务工获取薪金收入的人

5．"我"想买的房子总价不能超过多少？ （　）

A．60万 　　B．70万 　　C．80万 　　D．16万

6. 关于考察房子，哪一项不正确？ （　）

    A. "我"找到了合适的房子

    B. 有的房子价格太高

    C. 有的房型不好

    D. 有的房子环境不好

四、根据听到的内容填空。Listen to the recording and fill in the blanks.

1. 车是 _____ 买的。

2. 贷款买车要 _____ 车款的30%。

3. 银行要 _____ 一定的利息。

4. 需要夫妻双方的身份证、_____ 和居住证。

5. 最后跟银行_____贷款合同。

五、看图说话。Picture descriptions

1

2

3

4

六、情景会话。Situational conversations

1. 角色扮演。Role play

角色1: 客户小王

任务 ┤ 客户小王提出了自己的购房要求。

角色2: 中介公司李经理

任务 ┤ 中介公司李经理为他查询了相关房源，并提出了一些建议。
①房屋面积、房型、位置、总价等；
②房屋贷款。

客户小王一早来到了中介公司，见到了李经理……

2. 角色扮演。Role play

演员1号: 客户小王

任务 ┤ 客户小王询问房屋贷款事宜，包括贷款期限、利率、比例、还款方式等。银行职员小赵给他做了详细说明。

演员2号: 银行职员小赵

客户小王来到银行，见到了职员小赵……

七、讨论。Discussion

1. 购房你更看重哪些方面?

2. 你觉得贷款买房有哪些好处?

读写练习　Reading and writing exercises

一、选词填空。Fill in the blanks with the most proper words.

| 签订 | 临时 | 期限 | 审核 | 方式 |
| 递减 | 剩余 | 合算 | 否则 | 收取 |

1. 现在购房，银行要_____身份材料、个人收入证明和购房合同。

2. 这项任务的完成_____是一个月，必须抓紧时间。

3. 我已经_____了房屋购买合同，下周就办理贷款手续。

4. 下了班，我把休息外的_____时间用在学电脑上。

5. 现在买夏季服装非常_____，以前买一件衣服的钱现在可以买两件。

6. 购买房屋时，中介公司要_____1%的中介费。

7. 他的工作_____不太好，没有计划。

8. 一定要学好一门外语，_____很难进入外企工作。

9. 会议资料_____准备不行，得提前准备。

10. 公司不重视市场调查，产品销售量逐年_____。

二、根据所给例子完成下列词语搭配。Follow the given examples to fill in the blanks.

1. 签订购房合同

   签订_____ 签订_____ 签订_____

2. 申请按揭

   申请_____ 申请_____ 申请_____

3. 还款期限

   _____期限 _____期限 _____期限

4. 还款方式

   _____方式 _____方式 _____方式

5. 提前还贷

   提前_____ 提前_____ 提前_____

6. 收取违约金

   收取_____ 收取_____ 收取_____

三、选择正确答案。Choose the correct answers.

1. 这_____书共有十本。 （　　）

   A. 套　　　　　B. 个　　　　　C. 本　　　　　D. 种

2. 公司50%_____的职员具有本科学历。 （　　）

   A. 以后　　　　B. 以上　　　　C. 以来　　　　D. 多少

3. 公司经理月收入可_____万元。 （　　）

   A. 有　　　　　B. 以　　　　　C. 提供　　　　D. 达

4. 我写完调查报告，_____给经理发了电子邮件。 （　　）

   A. 以后　　　　B. 后　　　　　C. 然后　　　　D. 没

5. _____我来说，健康是很重要的。　　　　　　　　　　　　（　　）

　　A．对　　　　　　B．为　　　　　　C．给　　　　　D．向

6. 今天一定要完成工作，_____老板就要生气了。　　　　　（　　）

　　A．又　　　　　　B．这样　　　　　C．也　　　　　D．否则

四、用所给词语完成句子。Complete the sentences with the given words.

1. 据调查，_____。　　（以上）

2. 这件衣服是法国进口的，价格_____。　　（达）

3. _____，产品的质量和价格都很重要。　　（对……来说）

4. 我先打电话询问维修点的地址，_____。　　（然后）

5. 企业要重视人才和市场，_____。　　（否则）

6. _____那个会操作电脑的大学生。　　（看中）

7. 人们的_____，如唱歌、跳舞、运动、旅游等。　　（方式）

8. 现在买衣服_____，很多人都会这时候买。　　（比较）

五、写作。Writing

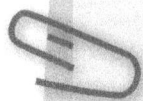

　　王美要向中国工商银行贷款购买一套房子，需要单位开收入证明。请你为她写一份收入证明信。

　　证明信是用来证明有关人员的身份、职务、经历以及有关事项的真实情况时使用的一种专用文书。收入证明信是其中一种。收入证明信主要有标题、称呼、正文和落款四个部分，正文主要包括所证明人的姓名、工作、担任职务和收入状况。开收入证明信必须要盖单位的财务章或公章，也就是说，收入证明信的复印件是无效的。

收入证明信参考例文：

收入证明

招商银行：

　　兹证明我公司（华伦公司）员工刘虹在我公司工作六年，担任销售部经理一职，每月总收入7000元，为税后薪金。

　　特此证明。

华伦公司

2012年5月3日

副课文 Further reading

贷款买车好处多

　　李先生在一家外企工作，年收入在20万元左右。他想买辆中档汽车，不知道是贷款买车好还是全额买车好。一般来说，中国的传统观念是努力攒够钱后再一次性全款购买，但是这样不但推迟了实现购车梦想的时间，也影响了现在的生活质量。下面是高女士和林先生的买车经验。

提前享受有车生活

　　高女士，28岁，职业经理人，贷款购买了一辆8万元左右的车。因为目前她的经济条件还不允许一次性付款买车，所以她选择了贷款买车。首付3万，贷款5万，两年就可以还清。她觉得自己开车的感觉很好，方向盘握在自己手里，非常自由。

省下资金做投资

　　林先生，30岁，IT公司高管，贷款购买了一辆18万元左右的车。虽然他有能力全额付款，但是觉得不太值

得。因为车子是消耗品，买后会贬值，不如通过贷款的方式买车，留下资金做投资。虽然会多付一点儿利息，但是用这剩下的十几万元作为投资，他自信有能力把利息赚回来。如果没有这十几万元周转，就没有资金投资。现在的钱如果不能生钱，那就太不划算了。

生 词　New words

序号	简体	繁体	拼音	词性	英文释义
1.	收入	收入	shōurù	n.	income
2.	中档	中檔	zhōngdàng	adj.	intermediate
3.	全额	全額	quán'é	n.	in full
4.	观念	觀念	guānniàn	n.	concept
5.	攒	攢	zǎn	v.	accumulate
6.	一次性	一次性	yīcìxìng	n.	disposable
7.	推迟	推遲	tuīchí	v.	delay
8.	实现	實現	shíxiàn	v.	realize
9.	梦想	夢想	mèngxiǎng	n.	dream
10.	影响	影響	yǐngxiǎng	n./v.	influence
11.	质量	質量	zhìliàng	n.	quality
12.	资金	資金	zījīn	n.	fund
13.	投资	投資	tóuzī	v.	invest
14.	高管	高管	gāoguǎn	n.	senior executive
15.	值得	值得	zhídé	adj.	worth
16.	消耗品	消耗品	xiāohàopǐn	n.	articles of consumption
17.	贬值	貶值	biǎnzhí	v.	devaluate
18.	通过	通過	tōngguò	prep.	through

序号	简体	繁体	拼音	词性	英文释义
19.	周转	周轉	zhōuzhuǎn	*v.*	turn over
20.	划算	劃算	huásuàn	*adj.*	worthwhile

练 习　　Exercises

一、根据课文内容判断正误。True or false.

1. 文章认为全款购车比贷款购车好。　　　　　　　　　　　（　　）
2. 中国的传统观念是努力攒够钱后再一次性全款购买。　　（　　）
3. 高女士选择贷款买车的原因是想留下资金做投资。　　　（　　）
4. 高女士觉得自己开车的感觉很好，非常自由。　　　　　（　　）
5. 林先生是IT公司的年轻高管。　　　　　　　　　　　　　（　　）
6. 林先生觉得全款买车非常好。　　　　　　　　　　　　　（　　）

二、选择正确答案。Choose the correct answers.

1. 你觉得是这种手机好_____那种手机好？　　　　　　（　　）
   A．还是　　　　B．或者　　　　C．而且　　　　D．就是

2. 这款手机_____质量好，价格_____便宜。　　　　（　　）
   A．如果……就……　　　　　　B．不仅……而且……
   C．不但……也……　　　　　　D．只要……就……

3. _____新来的助理工作认真，_____她很快得到了经理的喜爱。（　　）
   A．不但……而且……　　　　B．因为……所以……
   C．只要……就……　　　　　D．如果……就……

4. _____这套房子很便宜，_____在这里生活不方便。　（　　）
   A．不但……而且……　　　　B．如果……就……
   C．虽然……但是……　　　　D．因为……所以……

5. 人才很重要，有时收购一家公司_____引进一个人才。　（　　）
   A．不如　　　　B．不比　　　　C．比较　　　　D．比

6. _____朋友的推荐，我进入这家公司工作。　　　　　　（　　）
   A．根据　　　　B．通过　　　　C．如果　　　　D．只要

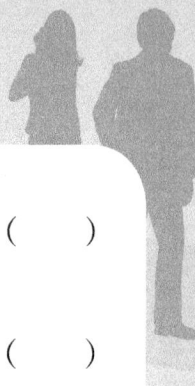

7. _____他的影响，我也喜欢上唱歌了。 （　）

    A. 有　　　　　B. 在　　　　　C. 受　　　　　D. 通过

8. _____钱不能生钱，_____太不划算了。 （　）

    A. 虽然……但是……　　　　　B. 不但……而且……

    C. 只要……就……　　　　　　D. 如果……就……

三、选词填空。Fill in the blanks with the most proper words.

观念	攒	推迟	实现	影响
投资	贬值	周转	划算	通过

1. 这次生意失败给企业带来了很大的_____。

2. 现在中国人的消费_____改变了，不再只是关心吃穿。

3. 研讨会将_____到下个月举行。

4. 为了_____计划，公司员工都做出了很大的努力。

5. 公司资金_____出现了问题。

6. 现在_____房地产，一定会赚钱。

7. 工作了五年，他_____了不少钱。

8. 车子是消耗品，买后会_____。

9. 对于很多人来说，买房不再是一次性付款，而是_____贷款的方式买房。

10. 把省下的钱用来投资，这样比较_____。

四、讨论。Discussion

1. 网上曾有一项调查，在206个被调查者中，有55%的人不赞成贷款，愿意用全款的方式买车，只有45%的人赞成贷款买车。这说明消费者对贷款买车还不能完全接受。你的意见如何？

2. 贷款作为一种消费方式，越来越普及，你有什么看法？

第二单元 房产与物业

第三课 租金可以再便宜一点儿吗?

核心句 Key sentences

► 最好在高层,带电梯,价格在2000元以内。

What I have in mind is an apartment in a high-rise building with elevator. The rent should be less than RMB 2,000.

► 这里有一套房子比较符合您的要求。

Here is an apartment that suits you very much.

► 还可以,不过空调、冰箱和洗衣机都有点儿旧。

It looks OK. But the air-conditioner, refrigerator and washing machine have been used for a long time.

► 如果租两年,价格可以再便宜一些吗?而且一些家具也有点儿旧了。

Would the rent be lower if I rent it for two years? And some furniture have been used for a long time.

► 这样吧,就1900元,不能再低了。

Let's say RMB 1,900, no more bargain.

租金可以再便宜一点儿吗?

田村从日本来中国留学，想在学校附近租一套房子。他去了一家房屋中介公司。

田　村：您好！我想租房子。

中　介：好的。您有什么要求?

田　村：我想在学校附近租一套一室一厅的房子。装修要新一点儿，设施要齐全，要有空调、洗衣机、冰箱、电视等，当然还要有厨房和洗浴设施。最好在高层，带电梯，价格在2000元以内。

中　介：这里有一套房子比较符合您的要求。

田　村：好的，带我去看一下吧。

中　介：这是一座新楼，一共20层。你要看的房子在15层，一室一厅，50平方米。房东是一位老师，他要求只能一个人住。每月2100元，如果你长期租，房租还会便宜些。

田　村：我一个人住。先看看吧。（两人上楼）

中　介：到了。你看一下，卧室在南面，阳光很充足；客厅在中间；厨房和卫生间在北面。房间是新装修的。你觉得怎么样?

田　村：还可以，不过空调、冰箱和洗衣机都有点儿旧。那么，价格能再便宜一点儿吗? 你可以问一下房东吗?

中　介：好的，我打电话给房东，你跟他说吧。（拨通房东的电话）

田　村：您好！房东先生，我是一名留学生，要在北京学习两年，如果租两年，价格可以再便宜一些吗? 而且一些家具也有点儿旧了。

房　东：那你想给多少钱呢?

田　村：1800元。

房　东：那太少了。这样吧，就1900元，不能再低了。

田　村：好吧。我决定租这套房子。什么时候签合同?

房　东：下午3点我们一起去中介公司签，怎么样?

田　村：好的，就3点吧。

中　介：租房合同要一式两份，你和

好吧。我决定租这套房子。什么时候签合同?

房东都要签字。要先交三个月的租金，一个月的押金，一共7600元，以后每三个月交一次房租。具体的合同条款，下午你再仔细看一下。

田　村：好的。下午我再到公司来。

课前预习 Preview

根据课文内容选择正确答案。 Choose the correct answers according to the text.

1. 田村打算通过什么方式租房子？　　　　　　　　　　（　　）

   A．看报纸　　　　B．找朋友帮忙　　　C．找中介公司　　D．上网

2. 下列哪一项是田村对房子的要求？　　　　　　　　　（　　）

   A．设备齐全　　　B．卧室向南　　　　C．阳光充足　　　D．楼层不高

3. 房东有什么要求？　　　　　　　　　　　　　　　　　（　　）

   A．不还价　　　　　　　　　　　B．不能使用家电

   C．只能住两年　　　　　　　　　D．只能一个人住

4. 下面哪一项是错误的？　　　　　　　　　　　　　　　（　　）

   A．田村打算租两年　　　　　　　B．田村在学校工作

   C．田村和房东讨价还价了　　　　D．每个季度交一次房租

5. 7600元包括什么？　　　　　　　　　　　　　　　　（　　）

   A．四个月的租金　　　　　　　　B．一个月租金，三个月押金

   C．两个月租金，两个月押金　　　D．三个月租金，一个月押金

生 词 New words

序号	简体	繁体	拼音	词性	英文释义
1.	附近	附近	fùjìn	*n.*	vicinity
2.	租	租	zū	*v.*	rent, lease
3.	装修	装修	zhuāngxiū	*v./n.*	decorate/decoration
4.	洗浴	洗浴	xǐyù	*v.*	bathe

序号	简体	繁体	拼音	词性	英文释义
5.	高层	高層	gāocéng	*n.*	high-rise
6.	以内	以內	yǐnèi	*n.*	within
7.	房东	房東	fángdōng	*n.*	landlord
8.	阳光	陽光	yángguāng	*n.*	sunlight
9.	充足	充足	chōngzú	*adj.*	sufficient
10.	一式两份	一式兩份	yīshì-liǎngfèn	*idiom.*	in duplicate
11.	押金	押金	yājīn	*n.*	deposit
12.	条款	條款	tiáokuǎn	*n.*	clause

语言点 Language points

1 最好

原文：最好在高层，带电梯，价格在2000元以内。

用法：形容词，表示最理想的选择，最大的希望。

（1）小张，下班前最好把今天的开会记录整理好。

（2）谈判前你最好把准备做得充分一点。

（3）选择投资之前，你最好慎重（shènzhòng; cautious）地考虑一下哪种方式更适合你。

2 以内

原文：最好在高层，带电梯，价格在2000元以内。

用法：名词，不超出一定界限。用在名词或数量词后面，表示在一定的时间、空间、地方、数量等范围内。

（1）你们三个月以内要完成任务。

（2）小区800米以内有超市、菜场和餐馆。

（3）这项工程已经列入计划以内。

3

比较

原文： 这里有一套房子比较符合您的要求。

用法： 程度副词，表示具有一定的程度。不用于否定。后接形容词或动词。

（1）这家公司的售后服务比较好。

（2）虽然现在的房价比较高，但我们还是要买房。

（3）这本书比较有意思，拿回去好好看看。

（4）她比较肯动脑筋，所以每次都能很好地完成任务。

也可以是动词，表示相比、对比、辨别异同或高下。例如：

（1）经过比较，我们一致认为星星公司的产品质量好一些。

（2）请比较一下这两家公司的优势。

（3）我曾经比较过这两件商品。

4

有（一）点儿

原文： 不过空调、冰箱和洗衣机都有点儿旧。

用法： 副词，表示程度不高；超过的量不多；稍微。多用于不满意的事情，不能用在比较句中。

A. 肯定形式：有（一）点儿+形容词/动词

（1）由于中介公司最近没有什么生意，老板有点儿着急。

（2）房东的房子总出问题，这让房客有点儿头疼。

（3）没能参加世博会，我有点儿后悔。

B. 否定形式：有（一）点儿+不+形容词/动词

（1）因为香水的销售额提不上去，总经理有点儿不高兴。

（3）这套房子确实比较便宜，但是交通有点儿不方便。

（3）我每个月收入的一半都还了贷款，生活有点儿不宽裕。

5

不能再……了

原文： 这样吧，就1900元，不能再低了。

用法： 表示情况达到最高的程度，不可以超出；或者某种情况不能重复出现。中间可用动词、形容词、代词等。例如：

（1）这已经是最低价了，不能再便宜了！

（2）房价已经高得不能再高了。

（3）这次先原谅你，下次可不能再这样了！

即学即用 Language in use

1 请用"最好"完成句子。Complete the sentences with "最好".

（1）贵公司_____。

（2）_____，要不就浪费了。

（3）_____，否则这个月我们就没有提成了。

2 请用"以内"完成句子。Complete the sentences with "以内".

（1）公司每个月的各项办公费用要控制在_____。

（2）_____我们免费送货上门。

（3）在机场，称行李的重量时，你会看到：行李_____
_____不收运费。

3 请用"比较"完成句子。Complete the sentences with "比较".

（1）我选择了那家公司，因为它_____。

（2）公司今年的业绩只能说是_____，不能说非常好。

（3）_____，请大家耐心等待。

（4）我们公司的售后服务不能说是全国最好的，_____。

4 请用"有（一）点儿"完成句子。Complete the sentences with "有（一）点儿".

（1）工作没有完成，_____？

（2）还有一个小时会议才开始，_____。

（3）_____，我想租一套新房。

（4）最近房价_____，我不打算买了。

5 请用"不能再……了"完成句子。Complete the sentences with "不能再……了".

（1）昨天看了套房子，_____。

（2）今天的谈判一定要成功，_____。

（3）我上个月去了趟哈尔滨，_____。

（4）_____，要不房价又要上涨了。

综合练习 Integrated exercises

听说练习 Listening and speaking exercises

一、根据听到的句子和它的三个应答，选择最恰当的应答。 Choose the most proper responses according to the sentences and the three responses you hear.

1. (　　)　　　A.　　　　B.　　　　C.

2. (　　)　　　A.　　　　B.　　　　C.

3. (　　)　　　A.　　　　B.　　　　C.

4. (　　)　　　A.　　　　B.　　　　C.

5. (　　)　　　A.　　　　B.　　　　C.

6. (　　)　　　A.　　　　B.　　　　C.

二、根据听到的对话，选择最恰当的答案。 Choose the most proper answers according to the conversations you hear.

1. 她最后决定在什么地方租房子？ 　　　　　　　　　(　　)
　　A. 市中心　　　B. 学校附近　　　C. 公司附近　　　D. 不知道

2. 关于女的，我们可以知道什么？ 　　　　　　　　　(　　)
　　A. 正在开会　　B. 身体不舒服　　C. 要卖房子　　D. 不喜欢男的

3. 关于租房，对话中没有提到哪一项？ 　　　　　　　(　　)
　　A. 房子大小　　B. 离单位近　　C. 房子安静　　D. 房子楼层

4. 男的是做什么的？ 　　　　　　　　　　　　　　　(　　)
　　A. 买房者　　　B. 售楼先生　　　C. 开发商　　　D. 应聘者

5. 关于男的，我们可以知道什么？ 　　　　　　　　　(　　)
　　A. 给女的介绍男朋友　　　　　B. 给女的介绍其他人的房子
　　C. 不想租给女的　　　　　　　D. 是中介公司的经理

6. 男的怎么了？ 　　　　　　　　　　　　　　　　　(　　)
　　A. 生病了　　　B. 打算买房　　C. 打错电话了　　D. 打算住院

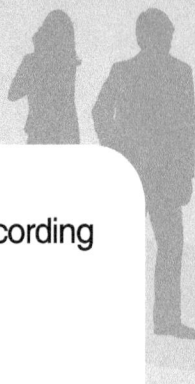

三、根据听到的两段话，选择正确答案。Choose the correct answers according to the two paragraphs you hear.

1—3题

1. 登广告的人是谁? （　　）
  A. 中介公司　　　B. 买房者　　　C. 卖房者　　　D. 房地产开发商

2. 下面哪一项没有提到? （　　）
  A. 小区内有篮球场　　　　　B. 三房两厅两卫
  C. 卧室朝南，阳光充足　　　D. 附近有地铁8号线

3. 这套住房总价是多少? （　　）
  A. 25万　　　B. 147万　　　C. 100万　　　D. 260万

4—6题

4. 这段录音主要谈论的是什么? （　　）
  A. 怎么租房　　　　　　　　B. 城市租房难问题
  C. 毕业生涌入租房市场　　　D. 房租涨价快

5. 李园认为，房源太少的原因是什么? （　　）
  A. 放弃买房转而租房的人多了　　B. 房租价格涨得很快
  C. 很多毕业生急需租房　　　　　D. 中介公司抬高租金价格

6. 75%的人认为城市租房难的原因是什么? （　　）
  A. 合适的房源太少　　　　　B. 毕业生涌入租房市场
  C. 房租大涨　　　　　　　　D. 中介公司抬高租金价格

四、根据听到的内容填空。Listen to the recording and fill in the blanks.

房屋格局图

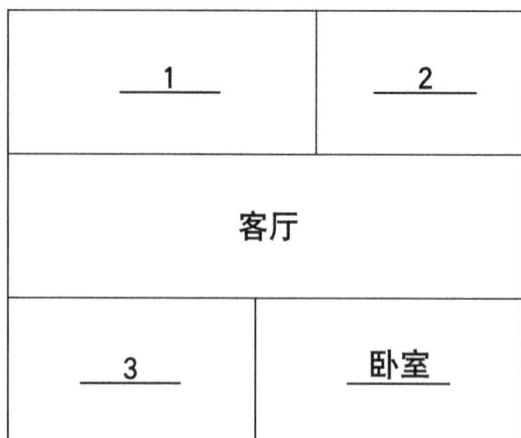

4. 这套房子在第_____层。

5. 这套房子的租金是_____元。

五、看图说话。 Picture descriptions

房屋中介公司

1

2

3

4

六、情景会话。 Situational conversations

角色扮演。Role play

| 角色1: 租房者彼得 | 任务 | 租房者给中介公司打电话，询问租房的相关事宜，中介公司代表一一答复。 |

| 角色2: 中介公司代表小张 | 任务 | ①房源情况；②怎样和房东取得联系；③签合同有哪些程序。 |

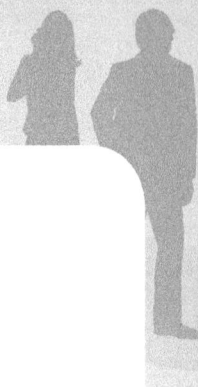

七、 讨论。Discussion

　　1. 如果你想租房，你会考虑哪些因素？

　　2. 你在租房时通常会怎样和房东讨价还价？

读写练习 Reading and writing exercises

一、选词填空。 Fill in the blanks with the most proper words.

装修	最好	有点儿	充足
以内	符合	押金	比较

　　1. 计划书_____一个星期内交给我。

　　2. 最近花钱太多了，我保证三个月_____不买新衣服。

　　3. 那家商店的东西_____便宜，我们去那儿买吧。

　　4. 最近家里在_____，可把我累死了。

　　5. 租房时，除了交租金外，还要交一个月的_____。

　　6. 这间屋子阳光很_____，我非常喜欢。

　　7. 这套房子很_____我的要求。

　　8. 这件衣服_____大，麻烦给我拿一件小一号的。

二、词语连线。 Match the words.

　　1. 签　　　　　　a. 标准

　　2. 交　　　　　　b. 齐全

　　3. 符合　　　　　c. 合同

　　4. 装修　　　　　d. 充足

　　5. 设施　　　　　e. 房子

　　6. 阳光　　　　　f. 押金

三、选择正确答案。 Choose the correct answers.

　　1. 山本想在人民广场附近租一_____房子。　　　　　（　　）

　　　　A. 面　　　　　B. 家　　　　　C. 套　　　　　D. 位

　　2. 现在坐火车来北京很方便，六小时_____就可以到达。（　　）

　　　　A. 以外　　　　B. 以内　　　　C. 以上　　　　D. 以下

3. 文件拿错了，赶紧让小吴再跑_____。 　　　　　　（ 　 ）

    A．一下　　　　　B．一个　　　　　C．一遍　　　　　D．一趟

4. 这套房子不错，_____家具有点儿旧。 　　　　　　（ 　 ）

    A．而且　　　　　B．不过　　　　　C．还　　　　　　D．也

5. 我帮你联系刘经理，具体的事情你_____她说。 　　　　　　（ 　 ）

    A．往　　　　　　B．向　　　　　　C．跟　　　　　　D．朝

6. 这里的房价虽然比较便宜，但生活_____不方便。 　　　　　　（ 　 ）

    A．多点儿　　　B．少点儿　　　C．有点儿　　　D．一点儿

四、用所给词语完成句子。Complete the sentences with the given words.

1. 今天晚上有宴会，_____。（一点儿）

2. 这是从海南带回来的特产，_____。（尝一下）

3. 这份报告我刚写好，你_____？（能不能）

4. 手机款式不错，不过_____。（有点儿）

5. 已经很便宜了，不信你去别家问问，价格真的_____。（不能再……了）

6. 最近太忙了，去旅游的事情_____。（以后）

五、写作。Writing

　　　　你想与一位中国大学生合租一套房子，请根据自己的需求写一
份求租启事。

　　　　启事是需要向公众说明某事或希望公众协助办理某事时使用的
一种事务文书。启事通常由标题、正文、落款三部分组成。正文包
含启事的目的、原因、具体事项、相关要求和联系方式等。

启事参考范文：

求租启事

本人希望求租40平方米左右的商铺房，开展复印机、打字机修理业务，要求地点在杨浦区。出租者请先电话联系，预约商洽时间。

联系人：王晓华

电 话：13603563456

2012年5月31日

副课文
Further reading

终于有了自己的房子

结婚一年多了，我们一直和公公婆婆住在一起。我们计划贷款买一套房子，但公公始终不同意。公公年纪大了，觉得那么一大笔钱，下半辈子怎么还啊？对老人来说，贷款买房这种事情想都不敢想。上周去看朋友小娜的新房，客厅就有我们家房子那么大，真是太好了！

于是，我和老公商量，早晚得有自己的房子，还是先贷款买吧。我觉得我们的工作都很稳定，按揭应该没问题。半年之后，我们在一个交通方便、设施完备的小区，订下了一套130平方米的房子，贷了20年的款。

几天之后，我和老公去办理了贷款手续，付了40万首付。只要每个月付掉月供的房款和利息，就可以住进大房子了，想想心里就高兴。可是当我们跟公公说起这件事时，公公从来没有像那样发过火，他说："20年的还贷期啊！那时你们都快50岁了，这么多年你们都要辛苦地还贷。"

老公对公公说，用积攒的40万块钱只能买40平方米的房子，太小了，以后有了孩子怎么办？只要我们努力工作，一起还房贷，没准儿我们还能提前还完呢。公公摇了摇头，没再说什么。

搬家那天，我们彻夜未眠。是啊，终于有了自己的家！

生 词　New words

序号	简体	繁体	拼音	词性	英文释义
1.	结婚	結婚	jiéhūn	*v.*	marry
2.	公公	公公	gōnggong	*n.*	father-in-law
3.	婆婆	婆婆	pópo	*n.*	mother-in-law
4.	笔	筆	bǐ	*mw.*	sum
5.	下辈子	下輩子	xiàbèizi	*n.*	next life
6.	商量	商量	shāngliang	*v.*	discuss
7.	早晚	早晚	zǎowǎn	*adv.*	sooner or later
8.	稳定	穩定	wěndìng	*adj.*	stable
9.	完备	完備	wánbèi	*adj.*	complete
10.	月供	月供	yuègōng	*n.*	monthly mortgage payment
11.	房款	房款	fángkuǎn	*n.*	housing payment
12.	从来	從來	cónglái	*adv.*	always
13.	发火	發火	fāhuǒ	*v.*	get angry
14.	积攒	積攢	jīzǎn	*v.*	accumulate
15.	没准儿	沒准兒	méizhǔnr	*v.*	perhaps
16.	摇	搖	yáo	*v.*	shake
17.	彻夜未眠	徹夜未眠	chèyè-wèimián	*idiom.*	have not slept all night

练 习 Exercises

一、根据课文内容选择正确答案。 Choose the correct answers according to the text.

1. 这篇文章的主要内容是什么？ （ ）
   A. 朋友买房的经历
   B. "我"终于有了自己的新房子
   C. 公公不同意买房子
   D. 努力工作还房贷

2. 作者以什么付款方式买的房子？ （ ）
   A. 全额付款
   B. 向公公婆婆借钱
   C. 向朋友借钱
   D. 按揭买房

3. 公公为什么不同意我们买房子？ （ ）
   A. 喜欢和我们住在一起
   B. 还贷时间太长
   C. 怕我们还贷太辛苦
   D. B和C

4. 下面哪一项文章中没有提到？ （ ）
   A. "我"不喜欢公公婆婆
   B. 我们不会轻易失业
   C. 房子周围环境还不错
   D. 希望提前还款

5. 搬家那天，我们为什么彻夜未眠？ （ ）
   A. 有了自己的家
   B. 公公生气了
   C. 还款压力大
   D. 贷款太多

二、选择正确答案。 Choose the correct answers.

1. 他_____不考虑自己的利益。 （ ）
   A. 以来　　B. 早晚　　C. 从来　　D. 从此

2. 小张省吃俭用攒_____了不少钱。 （ ）
   A. 上　　B. 下　　C. 起　　D. 来

3. 他今天精神不好，_____昨天晚上又出去玩了。 （ ）
   A. 可是　　B. 却　　C. 一定　　D. 没准儿

4. 公司的办公设施非常_____，给我们提供了良好的工作环境。 （ ）
   A. 整齐　　B. 充足　　C. 完备　　D. 完整

5. 紧张工作了四个小时，我饿得可以_____一头牛。 （　　）

    A．吃下　　　　B．吃够　　　　C．吃饱　　　　D．吃上

三、 选词填空。 Fill in the blanks with the most proper words.

    早晚　　　完备　　　始终　　　结婚　　　稳定

    积攒　　　商量　　　从来　　　发火　　　没准儿

  1. 我现在衣食无忧，生活很_____。

  2. 工作没做好，老板冲我_____了。

  3. 这是我_____下来的1万元，你拿去做个小买卖吧。

  4. 我_____不明白老板为什么不喜欢我。

  5. 这个小区环境优美，设施_____，出行方便，很不错。

  6. 你不说也没关系，他_____会知道的。

  7. 我以前_____没有碰到过这么难办的事。

  8. 在你做出决定之前，最好和父母_____一下。

  9. 她终于_____了，一家人都为她高兴。

 10. 你应该试一试，_____可以自己开店。

四、 讨论。 Discussion

  1. 贷款买房有什么好处和坏处?

  2. 请谈谈你们国家贷款买房的情况。

第二单元 房产与物业
第四课 召开业主大会

核心句 Key sentences

▶ 两个月前, 我们小区业主联名提议增设小区健身设备。

Two months ago, the housing owners in our residential quarters jointly proposed more fitness facilities be built.

▶ 现在小区里的健身设备已经十分陈旧了, 急需维修和更新。

The fitness facilities in the residential quarters have been dilapidated. Maintenance and upgrading work is urgently needed.

▶ 我觉得光维修不行, 需要更换新设备了。

I believe maintenance work is not enough. We need to replace the facilities.

▶ 周经理, 业主的提议批下来了吗?

Mr. Zhou, has the owners' proposal been approved?

▶ 这件事我去安排, 把专业人员请来, 一定会给你们一个满意的答复。

I will take care of it. Professionals will be invited. You will be given a satisfactory reply.

召开业主大会

"花城"小区召开业主大会。参加大会的有业主委员会主任李女士、物业管理公司的周经理和业主代表。

李女士：各位业主，大家好！今天我们小区召开业主大会，主要讨论小区建设问题。今天我们请来了物业管理公司的周经理。先请各位业主发表意见。

业主王：两个月前，我们小区业主联名提议增设小区健身设备。现在小区里的健身设备已经十分陈旧了，急需维修和更新。

业主张：是的。有些设备已经严重损坏。昨天我想活动活动，刚踩上踏步机，脚踏板就掉下来了，我差点儿摔倒，真应该修一修了。

业主陈：我觉得光维修不行，需要更换新设备了，并且物业公司应该定期进行维护，避免发生事故。

周经理：好的，大家的意见非常好。还有什么意见？

业主王：我想再补充一点，健身设备应该老少皆宜，不仅要有年轻人喜欢的，也要有适合中老年人的。

李女士：周经理，业主的提议批下来了吗？

周经理：批下来了，费用也已经到账。我们会尽力满足各位业主的要求。健身设备将在5月中旬安装好。

业主刘：周经理，10号楼前的几块地砖已经破裂，容易扭伤脚，请尽快更换。

周经理：这是我们物业公司的责任，请各位业主放心。

业主赵：我们11号楼东侧的阳台下雨天容易漏水，已经修过多次了，但遇上大雨，还是漏得厉害。我们希望能够彻底修理一下。

周经理：这件事我去安排，把专业人员请来，一定会给你们一个满意的答复。

课前预习 Preview

根据课文内容选择正确答案。 Choose the correct answers according to the text.

1. 谁没有参加本次业主大会？　　　　　　　　　　　　　　　（　　）
   A. 小区居委会主任　　　　　　B. 业主代表
   C. 物业管理公司经理　　　　　D. 业主委员会主任

2. 下面哪一项建议不是业主提出的？　　　　　　　　　　　　（　　）
   A. 维修健身设备　　　　　　　B. 更换地砖
   C. 更新照明设备　　　　　　　D. 维修阳台

3. 周经理在业主大会上的态度怎么样？　　　　　　　　　　　（　　）
   A. 不满　　　　　　　　　　　B. 虚心
   C. 不在乎　　　　　　　　　　D. 感谢

4. 小区健身设备什么时候安装好？　　　　　　　　　　　　　（　　）
   A. 两个月前　　　　　　　　　B. 10号左右
   C. 3月中旬　　　　　　　　　　D. 5月中旬

5. 本次业主大会的主题是什么？　　　　　　　　　　　　　　（　　）
   A. 维修费用使用问题　　　　　B. 小区停车问题
   C. 号召居民健身问题　　　　　D. 小区建设问题

生词 New words

序号	简体	繁体	拼音	词性	英文释义
1.	小区	小區	xiǎoqū	*n.*	residential quarters
2.	业主	業主	yèzhǔ	*n.*	proprietor
3.	委员会	委員會	wěiyuánhuì	*n.*	committee, commission
4.	主任	主任	zhǔrèn	*n.*	director
5.	物业	物業	wùyè	*n.*	property
6.	管理	管理	guǎnlǐ	*v.*	manage
7.	发表	發表	fābiǎo	*v.*	express

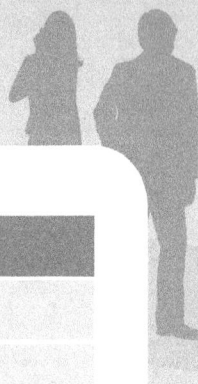

序号	简体	繁体	拼音	词性	英文释义
8.	联名	聯名	liánmíng	*v.*	jointly
9.	提议	提議	tíyì	*v.*	propose
10.	增设	增設	zēngshè	*v.*	add
11.	设备	設備	shèbèi	*n.*	facilities
12.	陈旧	陳舊	chénjiù	*adj.*	old
13.	更新	更新	gēngxīn	*v.*	renew
14.	严重	嚴重	yánzhòng	*adj.*	serious
15.	损坏	損壞	sǔnhuài	*v.*	break down
16.	踩	踩	cǎi	*v.*	stamp, tramp
17.	踏步机	踏步機	tàbùjī	*n.*	treadmill
18.	光	光	guāng	*adv.*	only
19.	更换	更換	gēnghuàn	*v.*	replace
20.	定期	定期	dìngqī	*n.*	regular
21.	维护	維護	wéihù	*v.*	maintenance
22.	避免	避免	bìmiǎn	*v.*	avoid
23.	发生	發生	fāshēng	*v.*	take place
24.	事故	事故	shìgù	*n.*	accident
25.	补充	補充	bǔchōng	*v.*	add
26.	老少皆宜	老少皆宜	lǎoshào-jiēyí	*idiom.*	beneficial to all ages
27.	到账	到賬	dàozhàng	*v.*	paid up
28.	尽力	盡力	jìnlì	*v.*	strive
29.	满足	滿足	mǎnzú	*v.*	satisfy
30.	地砖	地磚	dìzhuān	*n.*	ground tile
31.	破裂	破裂	pòliè	*v.*	break
32.	扭伤	扭傷	niǔshāng	*v.*	sprain
33.	漏水	漏水	lòushuǐ	*v.*	leak
34.	彻底	徹底	chèdǐ	*adj./adv.*	thorough/thoroughly

语言点　Language points

1　差点儿

原文：昨天我想活动活动，刚踩上踏步机，脚踏板就掉下来了，我差点儿摔倒，真应该修一修了。

用法：副词。表示某种事情几乎就要实现。

（1）因为下大雨，我差点儿迟到。

（2）因为价格的问题，谈判差点儿没谈成。

（3）由于没有管理经验，我差点儿就赔本了。

2　光

原文：我觉得光维修不行，需要更换新设备了。

用法：副词。相当于"只"，强调范围小。

（1）这个城市的消费很高，光房租每个月就要2000元。

（2）我们店光卖女性用品，不卖男性用品。

（3）你光做不说有什么用，干销售这一行就得说。

3　进行

原文：物业公司应该定期进行维护，避免发生事故。

用法：动词。从事某种活动。宾语为双音节动词。

（1）商场正在进行促销活动。

（2）董事会正在进行电话会议，请勿打扰。

（3）公司正在对新产品如何定位进行讨论。

即学即用　Language in use

1. 请用"差点儿"或"差点儿没"完成句子。Complete the sentences with "差点儿" or "差点儿没".

（1）这次谈判出现了价格争议，_____。

（2）公司_____而破产。

（3）任务没完成，_____。

2. 请用"光"完成句子。Complete the sentences with "光".

（1）今天早上我_____，中午就饿了。

（2）_____，不带国内团。

（3）_____，财务管理是需要实践的。

3. 请用"进行"完成句子。Complete the sentences with "进行".

（1）本周五，王总将和李总_____。

（2）电视台_____。

（3）我公司_____。

（4）我们对产品的市场占有率_____。

综合练习　Integrated exercises

听说练习　Listening and speaking exercises

一、根据听到的句子和它的三个应答，选择最恰当的应答。 Choose the most proper responses according to the sentences and the three responses you hear.

1. (　　)　　A.　　　　B.　　　　C.

2. (　　)　　A.　　　　B.　　　　C.

3. (　　)　　A.　　　　B.　　　　C.

4. (　　)　　A.　　　　B.　　　　C.

5. (　　)　　A.　　　　B.　　　　C.

6. (　　)　　A.　　　　B.　　　　C.

二、根据听到的对话，选择最恰当的答案。 Choose the most proper answers according to the conversations you hear.

1. 女的打算去物业开会还是去公司开会？　　　　　　　　　　　(　　)

    A. 去公司开会　　　　　　　　B. 去物业大会

    C. 两个都去　　　　　　　　　D. 两个都不去

2. 男的让各位楼长做什么？　　　　　　　　　　　　　　　　　(　　)

    A. 粉刷（fěnshuā; whitewash）楼梯　　B. 从物业管理费中扣费

    C. 每家每户收费　　　　　　　D. 征求各位业主的意见

3. 他们在讨论什么？ （　　）
　　A．小区环境　　　　　　B．小区居委会
　　C．小区业主　　　　　　D．小区物业

4. 以前的物业公司怎么样？ （　　）
　　A．非常好　　　　　　　B．挺好
　　C．一般　　　　　　　　D．不好

5. 下面哪一项不是上海房价越来越高的原因？ （　　）
　　A．需求大　　　　　　　B．有钱人多
　　C．政策好　　　　　　　D．购买力强

6. 关于男的，我们可以知道什么？ （　　）
　　A．没有房子　　　　　　B．变成了房奴
　　C．全额付款买房　　　　D．买了第二套房子

三、根据听到的两段话，选择正确答案。 Choose the correct answers according to the two paragraphs you hear.

1—3题

1. 业主大会主要讨论什么问题？ （　　）
　　A．购买春节装饰品　　　B．购买烟花爆竹（bàozhú; fireworks）
　　C．文明燃放烟花爆竹　　D．购买环保烟花爆竹

2. 下面哪一项录音中没有提到？ （　　）
　　A．禁止燃放烟花爆竹　　B．在指定地点燃放
　　C．在指定时间燃放　　　D．购买环保烟花爆竹

3. 为什么反对者同意了这一提议？ （　　）
　　A．避免麻烦　　　　　　B．考虑到安全问题
　　C．反对者人数少　　　　D．会引起其他业主的不满

4—6题

4. 为什么任先生一再推迟购车计划？ （　　）
　　A．无钱购买　　　　　　B．车贷没有批下来
　　C．小区无停车位　　　　D．爱人反对他购车

5. 哪一个不是小区目前出现的情况？ （ ）

    A. 一户一车位   B. 业委会对一户多车位现象不管

    C. 停车位紧张   D. 业主高价转让车位

6. 关于小区车位，下面哪一项没提到？ （ ）

    A. 居委会对车位情况不知情

    B. 物业独占车位管理权

    C. 业主对车位情况无发言权

    D. 业主对车位情况不知情

四、根据听到的内容填空。Listen to the recording and fill in the blanks.

1. 欢迎您_____我们小区。

2. 请您注意_____时间。

3. 如果阳台或房间_____，您可以通知我们维修。

4. 物业费每_____交一次。

5. 设备很齐全，不过得注意_____。

6. 感谢您的_____。

五、看图说话。 Picture descriptions

张华、王强两位业主和物业负责人李经理讨论小区环境问题，希望能够使小区环境更优美。请根据下图会话。

1

2

3

4

六、情景会话。 Situational conversations

角色扮演。Role play

角色1: 开发商

角色2: 业主代表

角色3: 物业公司经理

任务

业主与开发商、物业公司经理共同讨论各自的责任分配问题。

① 开发商到底应该承担怎样的责任？

② 物业为什么只拿物业费却不为业主办事？

③ 业主有哪些权利与义务？

七、讨论。 Discussion

1. 业主该怎样维权？
2. 请谈谈你们国家的小区物业管理公司的情况。

读写练习 Reading and writing exercises

一、选词填空。Fill in the blanks with the most proper words.

发生	提议	满足	增设
管理	损坏	尽力	避免

1. 产品_____问题后，一定要认真对待，找出问题的原因。

2. 目前家具公司的产品还不能_____顾客的多样化需求。

3. 作为老板，不但要有专业技能，而且要有较强的_____能力。

4. 做好产品质量检验，_____不必要的损失。

5. 小区物业准备_____一个老年人活动室。

6. 我_____各楼楼梯铺设防滑地板砖。

7. 物业经理承诺会_____解决问题。

8. 这些健身设备长年未维护，有的已经_____了。

二、词语连线。 Match the words.

1. 维护	a. 关系
2. 补充	b. 需求
3. 协调	c. 事故
4. 满足	d. 设备
5. 更新	e. 利益
6. 避免	f. 资金

三、选择正确答案。 Choose the correct answers.

1. 这儿的治安不太好，出门时把现金、护照等_____物品收好。　　（　　）
   A. 珍贵　　　　　　　B. 宝贵
   C. 贵重　　　　　　　D. 昂贵

2. 为了方便消费，我_____到中国_____把美元换成人民币了。　　（　　）
   A. 只要……就……　　B. 一……就……
   C. 如果……就……　　D. 立刻……就……

3. 在和英国人谈判时，一定要遵守时间，_____发生不愉快的事情。　（　　）
   A. 回避　　　　　　　B. 避开
   C. 逃避　　　　　　　D. 避免

4. 为了_____公司的良好形象，各位要随时注意自己的言行。　　（　　）
   A. 维护　　　　　　　B. 维持
   C. 保护　　　　　　　D. 维修

5. 只有成立业主委员会，才能_____保证业主的权利。　　（　　）
   A. 充足　　　　　　　B. 充分
   C. 充沛　　　　　　　D. 充满

6. 费用已_____，很快就能安装好新的健身设备。　　（　　）
   A. 到账　　　　　　　B. 转账
   C. 坏账　　　　　　　D. 赊账

四、用所给词语完成句子。 Complete the sentences with the given words.

1. 幸亏居委会打来电话，_____。　　　　（差点儿）

2. ＿＿＿＿＿＿＿，还应该实实在在地去做一些事情。 （光）

3. 汇款时，＿＿＿＿＿＿＿＿＿＿＿＿＿＿＿＿＿＿。 （进行）

4. 物业都应该多了解业主的情况，＿＿＿＿＿＿＿＿＿＿。 （并且）

5. ＿＿＿＿＿＿＿＿＿＿＿＿，我们一定要做好充分准备。 （为了）

6. 我要租一套一居室的房子，＿＿＿＿＿＿＿＿＿＿＿。 （不仅……也……）

五、写作。 Writing

小区内道路积水，影响出行，业主们写信请物业公司经理修理。

副课文
Further reading

拾金不昧的管理员

　　两天前，田女士外出购物时，发现钱包不见了。钱包内不仅有数千元现金，而且还有身份证、信用卡、储蓄卡等。如果这些重要的东西找不到的话，她的损失会很大，也会有很多麻烦。这可把田女士急坏了。

　　正当她愁眉不展的时候，小区物业管理员王军来到她家，询问她丢失了什么东西。在认真核对了田女士的身份后，他把钱包还给了田女士。田女士打开钱包，发现什么都没少。她感动得不知该怎么好，赶紧拿出几百元向王军表达谢意，王军婉言谢绝了。

　　田女士给物业公司写了一封表扬信，信中说："过去，我总觉得小区管理员都是从社会上招聘来的，人员素质不一定高。经历这件事之后，我

对小区的管理员刮目相看了，对这样的物业管理公司也充满了信任，感觉住在这样的小区里很放心。"

在小区物业的一间会议室里，挂着一面面由业主送来的锦旗。这些锦旗背后记录着一个个感人的故事，表达了物业"急业主之所急，想业主之所想"的理念。

生 词 | New words

序号	简体	繁体	拼音	词性	英文释义
1.	拾金不昧	拾金不昧	shíjīn-bùmèi	*idiom.*	not pocket the money one picks up
2.	管理员	管理員	guǎnlǐyuán	*n.*	supervisor
3.	储蓄卡	儲蓄卡	chǔxùkǎ	*n.*	debit card
4.	损失	損失	sǔnshī	*n/v.*	loss/lose
5.	愁眉不展	愁眉不展	chóuméi-bùzhǎn	*idiom.*	look worried
6.	感动	感動	gǎndòng	*v.*	be moved
7.	赶紧	趕緊	gǎnjǐn	*adv.*	hurriedly
8.	表达	表達	biǎodá	*v.*	express
9.	谢意	謝意	xièyì	*n.*	thanks
10.	婉言	婉言	wǎnyán	*n.*	polite words
11.	谢绝	謝絕	xièjué	*v.*	decline with thanks
12.	表扬	表揚	biǎoyáng	*v.*	praise
13.	招聘	招聘	zhāopìn	*v.*	recruit
14.	素质	素質	sùzhì	*n.*	quality
15.	经历	經歷	jīnglì	*v.*	experience
16.	刮目相看	刮目相看	guāmù-xiāngkàn	*idiom.*	look sb. with new eyes
17.	信任	信任	xìnrèn	*v.*	trust
18.	锦旗	錦旗	jǐnqí	*n.*	silk banner (as an award or a gift)
19.	记录	記錄	jìlù	*v.*	record

序号	简体	繁体	拼音	词性	英文释义
20.	感人	感人	gǎnrén	*v.*	touching
21.	故事	故事	gùshi	*n.*	story
22.	理念	理念	lǐniàn	*n.*	concept

练 习　　**Exercises**

一、根据课文内容回答问题。 Answer the questions according to the text.

1. 田女士什么时候发现钱包丢了？

2. 田女士钱包里有什么东西？

3. 小区管理员为什么要来找田女士？

4. 田女士以前信任物业管理公司吗？为什么？

5. 会议室里的锦旗是谁送的？

二、选择合适的词语。 Choose the proper words.

1. 今天的会议不仅有董事参加，我们____邀请了职工代表。　　　（　　）

　　A. 又　　　　　　　　　　B. 还

　　C. 再　　　　　　　　　　D. 而且

2. 这家公司____成立没多久____倒闭了。　　　　　　　　　　（　　）

　　A. 刚……才……　　　　　B. 一……就……

　　C. 刚……就……　　　　　D. 一……才……

3. 公司管理者____需要熟悉业务，____要有发现人才的能力。　（　　）

　　A. 不仅……而且……　　　B. 虽然……但是……

　　C. 不仅……而……　　　　D. 不止……而

4. ____贵公司对我方产品满意的话，希望我们能有一次合作的机会。（　　）

　　A. 比如　　　　　　　　　B. 如果

　　C. 只要　　　　　　　　　D. 如何

5. 对方公司延期交货，他们不但不赔偿我们的损失，____责怪我们。（　　）

　　A. 而且　　　　　　　　　B. 然而

　　C. 进而　　　　　　　　　D. 反而

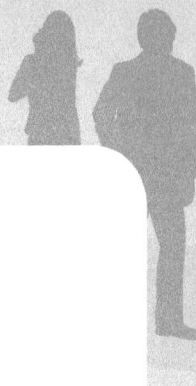

三、选词填空。 Fill in the blanks with the most proper words.

表达	核对	招聘	谢绝	表扬
损失	赶紧	感动	经历	谢意

1. 这次事件给公司带来了很大的经济_____。

2. 网上有很多_____信息。

3. 用人单位很注重员工的语言_____能力。

4. 你能帮我_____一下账单上的项目吗？

5. 我代表公司向各位员工表达诚挚的_____。

6. 文件要得很急，希望大家能_____做完。

7. 他的一席话让在场的人都_____得流下泪来。

8. 为了避免影响正常工作，很多公司的门上贴着"_____推销"的字样。

9. 管理者对员工进行适度的_____也是很重要的。

10. _____过这件事后，他改变了对老板的看法。

四、讨论题。 Discussion

1. 请谈谈物业管理的主要职责。

2. 小区业主有哪些权利与义务？

第三单元　市场调查

第五课　搞一些促销活动吧

核心句　Key sentences

▶ 今天请大家来，主要是想交流一下最近的工作情况。

The purpose of inviting you here is to have a discussion on our recent work.

▶ 上个月我们做了一次关于产品满意度的市场调查。

Last month we conducted a survey on our products' customer satisfaction.

▶ 根据调查，85%的顾客认为产品很适合他们。

According to the survey, 85% of the customers think the products suit them well.

▶ 这个问题再和售后服务部沟通一下。

We'll consult the Department of After-sale Service on the issue.

▶ 下一步我们的广告宣传应该在产品质量上做文章，要让顾客感觉到物有所值。

We'll focus on product quality in our advertising so that customers would feel that they have got what they have paid for.

主课文 Text

搞一些促销活动吧

（公司赵总正在与市场部王经理、销售部周经理交流产品情况。）

对，接下来是"十一"黄金周，我们可以搞一些促销活动。

赵　总：下午好。今天请大家来，主要是想交流一下最近的工作情况。

王经理：我先说两句。上个月我们做了一次关于产品满意度的市场调查。根据调查，85%的顾客认为产品很适合他们。但也有些顾客反映，我们的退换货手续比较麻烦。

赵　总：嗯，这个问题再和售后服务部沟通一下。上个季度我们产品的市场占有率怎么样？

王经理：15%左右，是历年来的最高水平，但有一家公司和我们不相上下。

周经理：如今市场竞争非常激烈，我们应该多搞些促销活动，并且加大广告力度，让更多的消费者关注我们的产品。

赵　总：对，接下来是"十一"黄金周，我们可以搞一些促销活动。周经理，这件事就由你来负责，制订一份详细的促销计划。

周经理：好的，做好后我会先发给您看看。

王经理：我们的客户群比较稳定，多为30岁左右的职业女性；而这些消费者参加社交活动的机会很多，我们可以设计一些式样简单的小礼服，满足她们的需求。

赵　总：这个想法不错。那顾客对价格有什么意见？

王经理：有些顾客觉得价格有点儿贵，但还可以接受。

赵　总：下一步我们的广告宣传应该在产品质量上做文章，要让顾客感觉到物有所值。

课前预习 Preview

根据课文内容选择正确答案。 Choose the correct answers according to the text.

1. 文章的主要内容是什么？ （ ）
   A. 进行市场调查　　　　　B. 制订促销计划
   C. 交流工作情况　　　　　D. 做好广告宣传

2. 顾客对产品哪方面不太满意？ （ ）
   A. 质量　　　B. 退换货手续麻烦　　C. 没有促销　　D. 没有折扣

3. 关于上一季度产品的市场占有率，哪种说法不正确？ （ ）
   A. 达到历史最好水平　　　B. 和一家公司差不多
   C. 大概15%　　　　　　　D. 没有去年同期好

4. 面对激烈的市场竞争，哪一个不是公司想出的对策？ （ ）
   A. 搞促销活动　　　　　　B. 加大广告宣传力度
   C. 降低价格　　　　　　　D. 设计满足客户群需要的服装

5. 下一步广告宣传的重点是什么？ （ ）
   A. 促销活动　　B. 产品质量　　　　C. 价格优惠　　D. 产品样式

生 词 New words

序号	简体	繁体	拼音	词性	英文释义
1.	关于	關于	guānyú	*prep.*	about
2.	满意度	滿意度	mǎnyìdù	*n.*	satisfaction
3.	反映	反映	fǎnyìng	*v.*	reflect; report
4.	换货	換货	huànhuò	*v.*	exchange goods
5.	季度	季度	jìdù	*n.*	quarter
6.	占有率	占有率	zhànyǒulù	*n.*	occupancy
7.	历年	歷年	lìnián	*n.*	over the years
8.	不相上下	不相上下	bùxiāng-shàngxià	*idiom.*	be equally matched
9.	如今	如今	rújīn	*n.*	at present
10.	促销	促销	cùxiāo	*v.*	promote sales
11.	加大	加大	jiādà	*v.*	increase

序号	简体	繁体	拼音	词性	英文释义
12.	力度	力度	lìdù	*n.*	strength
13.	关注	關注	guānzhù	*v.*	focus on
14.	制订	制訂	zhìdìng	*v.*	make
15.	客户群	客户群	kèhùqún	*n.*	client base
16.	社交	社交	shèjiāo	*v.*	social contact
17.	礼服	禮服	lǐfú	*n.*	formal attire
18.	物有所值	物有所值	wùyǒu-suǒzhí	*idiom.*	good value for money

语言点 | Language points

1 关于

原文：上个月我们做了一次关于产品满意度的市场调查。

用法：介词。表示关联、涉及的事物，涉及行为动作的关系者。

（1）关于这个开发项目，我们还要再研究一下。

（2）关于明年的销售计划，我已经写好了。

（3）关于怎样提高产品质量，大家进行了热烈的讨论。

注意："对于"指出对象，"对于……"作状语，用在主语前后均可。"关于"组成的介词短语作状语，只用在主语前。

2 根据

原文：根据调查，85%的顾客认为产品很适合他们。

用法：介词。表示以某种事物或动作为前提或基础。也可作动词，表示"以……为根据"。

（1）根据顾客的反映，我们还要继续提高产品的质量。

（2）根据客户的需求，我们修改了合同内容。

（3）客户应根据实际需要选择合适的汽车款式。

3 和……不相上下

原文：有一家公司和我们不相上下。

用法：分不出高低上下，程度差不多。

（1）这两种洗衣机都是名牌产品，质量不相上下。

（2）论服务，我们宾馆跟你们宾馆不相上下。

（3）这种品牌的电视机很受消费者欢迎，几乎和那种品牌不相上下。

4 搞

原文： 接下来是"十一"黄金周，我们可以搞一些促销活动。

用法： "搞"是代动词，可以代替不同的动词，随宾语的不同而具有不同的意义。常用于口语。

（1）把产品质量搞上去，才是工厂工作的重点。

（2）他这几年一直在海南搞外贸工作。

（3）设计人员花了三天三夜的时间才搞出一个初步的方案。

5 在……上做文章

原文： 下一步我们的广告宣传应该在产品质量上做文章，要让顾客感觉到物有所值。

用法： 表示在某方面值得认真用力地去做。

（1）任何服务性工作都要在"细"字上大做文章。

（2）我觉得，公司应该好好在产品的社会效益上做文章。

（3）广告部要在如何宣传、推广产品上做文章。

即学即用 **Language in use**

1. 请判断下列句子的正误，并加以改正。Judge and correct the mistakes.

（1）最近他每天都忙着看一些对于企业发展的报纸。

_____。

（2）由于这个问题，我要直接跟经理商量。

_____。

（3）我关于股票知道得很少。

_____。

2. 请用"根据"完成句子。Complete the sentences with "根据".

（1）_____，公司确定了产品价格。

（2）_____，公司决定改变销售计划。

（3）_____，企业制订了下个月的促销方案。

3. 请用"不相上下"完成对话。Complete the conversations with "不相上下".

（1）A：和哪家工厂签合同，我还拿不定主意。

B：_____。

（2）A：你觉得这两款车怎么样？

B：_____。

（3）A：你觉得小张和小李谁去参加这次会议比较合适？

B：_____。

4. 请用"搞"改写句子。Rewrite the sentences with "搞".

（1）为了迎接圣诞节，公司组织了一次圣诞晚会。

_____。

（2）听说他一直在做房地产投资。

_____。

（3）工会要为员工做好服务性工作。

_____。

5. 请用"在……上做文章"完成句子。Complete the sentences with "在……上做文章".

（1）这个产品还不太让客户满意，_____。

（2）近日各部门员工沟通得不够好，_____。

（3）如果和他们公司搞竞争，_____。

综合练习 **Integrated exercises**

听说练习 Listening and speaking exercises

一、根据听到的句子和它的三个应答，选择最恰当的应答。Choose the most proper responses according to the sentences and the three responses you hear.

1.（　　）　　A.　　　　B.　　　　C.

2.（　　）　　A.　　　　B.　　　　C.

3.（　　）　　A.　　　　B.　　　　C.

4. （　　）　　　A.　　　　　B.　　　　　C.

5. （　　）　　　A.　　　　　B.　　　　　C.

二、根据听到的对话，选择最恰当的答案。 Choose the most proper answers according to the conversations you hear.

1. 哪一项不是女的要做的事？　　　　　　　　　　　　　　（　　）

   A. 通知开会　　　　　　　　　　B. 发上次周会的报告

   C. 通知员工周会取消　　　　　　D. 找安经理

2. 他们最有可能是什么公司？　　　　　　　　　　　　　　（　　）

   A. 家电公司　　　B. 服装公司　　　C. 出租车公司　　D. 食品公司

3. 女的是什么意思？　　　　　　　　　　　　　　　　　　（　　）

   A. 产品价格太高　　　　　　　　B. 产品性能不好

   C. 售后服务不好　　　　　　　　D. 产品性能与价格成正比

4. 客户对产品的哪个方面满意？　　　　　　　　　　　　　（　　）

   A. 产品价格　　　B. 产品质量　　　C. 售后服务　　　D. 产品式样

5. 公司产品本月的市场占有率是多少？　　　　　　　　　　（　　）

   A. 22%　　　　　B. 21%　　　　　C. 20%　　　　　D. 19%

三、根据听到的两段话，选择正确答案。 Choose the correct answers according to the two paragraphs you hear.

1—3题

1. 这段话的主要意思是什么？　　　　　　　　　　　　　　（　　）

   A. 网络时代不需要广交会了。

   B. 广交会越来越俗了。

   C. 网络提供了一个交易平台。

   D. 广交会是网络无法替代的。

2. 广交会的展位给"我"的突出感觉是什么？　　　　　　　（　　）

   A. 很现代　　　　B. 很人性化　　　C. 很时尚　　　D. 很商业化

3. 越来越多的参展商认为广交会是一个什么样的平台？　　（　　）

   A. 出口平台　　　B. 交易平台　　　C. 交流平台　　　D. 展示平台

4—6题

4. 王老板想订购什么产品？　　　　　　　　　　　　　　　　　　（　　）

    A．文具　　　　　　B．玩具　　　　　　C．厨具　　　　　　D．餐具

5. 国内采购商采购商品时一般的付款方式是怎么样的？　　　　（　　）

    A．出货付款　　　B．付预付款　　　C．销货后付款　　D．分期付款

6. 下面哪种说法不正确？　　　　　　　　　　　　　　　　　　　（　　）

    A．张经理只做出口生意　　　　　　B．张经理的产品质量过关了

    C．王老板得到优惠了　　　　　　　D．王老板答应出货付款

四、根据听到的内容填空。 Listen to the recording and fill in the blanks.

    1. 我店为_____元旦，正在搞酬宾_____活动。

    2. 全场_____起。

    3. 这套衣服专为_____左右的职场女性设计。

    4. 这套衣服绝对合算，_____。

五、看图说话。 Picture descriptions

1

2

3

4

六、情景会话。 Situational conversations

1. **角色扮演。Role play**

角色1: **市场调查员**

任务 市场调查员与顾客沟通，了解顾客对产品的满意度及意见等等。

角色2: **顾客**

2. **最近公司搞了一次关于产品满意度的市场调查，问题集中在产品设计理念比较陈旧上。为此，公司召开了一次小型座谈会，就产品的研发、宣传、销售、售后服务、人才招聘等一系列问题进行讨论。**

人物：

赵总裁、总裁秘书、销售部王经理、研发部田经理、客户服务部李经理、广告部杨经理。

任务：

（1）总裁秘书主持会议。

（2）赵总裁发言，了解产品市场调查情况和各部门情况。

（3）销售部王经理汇报市场调查结果。

（4）客户服务部李经理反映情况。

（5）研发部田经理提出人才招聘事宜。

（6）赵总裁总结，并提出要求。

七、讨论。 Discussion

1. 做市场调查时应着重从哪些方面入手？
2. 可以通过哪些渠道（qúdào; channel）进行产品市场调查？

读写练习 Reading and writing exercises

一、选词填空。Fill in the blanks with the most proper words.

反映	促销	加大	关注	搞
不相上下	物有所值	制定	售后	退货

1. 老百姓购物常常货比三家，主要是_____商品的价格和质量。

2. 俗话说："便宜无好货，好货不便宜。"这就是我们常说的_____。

3. 从去年10月开始，许多企业_____外贸订单一下子没有了。

4. 公司专门_____了一条职工请假规定。

5. 家电卖场总能找到各种_____的理由，比如店庆、彩电节、团购日等。

6. 我们要_____对新职工的培训力度。

7. 这两种品牌的电脑在各方面都_____，让我难以选择。

8. 如果产品的质量有问题，_____服务的成本就非常高。

9. 如果消费者对购买的产品不满意，可以在一个月内到公司_____。

10. 他是技术人员，_____电脑维修，月收入很高。

二、词语连线。 Match the words.

1. 搞   a. 激烈

2. 加大   b. 产品

3. 竞争   c. 物有所值

4. 设计   d. 活动

5. 促销   e. 计划

6. 反映   f. 问题

7. 满足   g. 需求

8. 感到   h. 力度

三、选择合适的词语填空。 Fill in the blanks with the proper words.

根据　　和　　但　　而　　再　　就

1. 70%的顾客对我们超市的售后服务很满意，_____也有一部分顾客反映我们的服务态度不太好。

2. _____员工反映，公司的请假制度比较麻烦。

3. 据说这家公司的产品销售情况_____那家公司不相上下。

4. 新进员工面试的事情_____由你们人力资源部定吧！

5. 我们的订货单上写明要3000台电视机，_____实际到货仅1500台，只有一半。

6. 双方先谈价格，_____签合同。

四、用所给词语完成句子。 Complete the sentences with the given words.

1. 要想在销售额上超过其他业务员，_____。（在……上做文章）

2. 这个牌子的手机_____。（和……不相上下）

3. _____，所以老板要开除他。（搞）

4. _____，我还不太清楚。（关于）

5. _____，我们要付违约金。（根据）

6. 这位客户要大批量订货，_____，我们应该给他优惠。（并且）

7. 这份新年促销计划书_____。（由……负责）

8. 现在我们的产品在国内很畅销，_____。（接下来）

五、写作。 Writing

你是公司的市场调查员，请对公司新款产品的情况制定一份产品满意度市场调查问卷。

市场调查问卷是采用询问式市场调查方法以获取市场信息而设计的问卷。

市场调查问卷由标题、正文和落款三部分构成。正文包括调查的意义和目的、调查内容、问卷指导、问卷编号等。问卷指导主要包括填表目的和要求、被调查者注意事项、交表时间等。

市场调查问卷参考例文：

冰激凌市场调查问卷

1. 您的性别：

　A. 男　　　　B. 女

2. 您的年龄段：

    A. 15岁以下   B. 15~20岁   C. 21~25岁   D. 26~30岁

    E. 31~40岁   F. 41~50岁   G. 51~60岁   H. 60岁以上

3. 对冰激凌有什么样的感觉：

    A. 很喜欢   B. 还行   C. 不喜欢   D. 无所谓

4. 喜欢在什么季节吃冰激凌：［多选题］

    A. 春天   B. 夏天   C. 秋天

    D. 冬天   E. 随心而定，想吃就吃

5. 一般购买冰激凌是依据什么：［多选题］

    A. 价格   B. 口味   C. 习惯

    D. 服务态度   E. 品牌广告   F. 包装

6. 喜欢什么口味的冰激凌：［多选题］

    A. 水果   B. 牛奶   C. 绿豆

    D. 巧克力   E. 其他

7. 喜欢什么包装的冰激凌：［多选题］

    A. 塑料包装   B. 纸盒装   C. 其他

8. 通常会选择什么价格的冰激凌：

    A. 1元以下   B. 1~3元   C. 3~5元   D. 5~10元

    E. 10~20元   F. 20元以上

9. 什么时候会吃冰激凌：［多选题］

    A. 逛街无聊   B. 心情不好   C. 和恋人在一起   D. 看电影、电视

    E. 散步   F. 热的时候   G. 其他时候

10. 多久会吃一次冰激凌：

    A. 几乎每天   B. 一周至少一次 C. 两周一次   D. 一个月一次

    E. 半年   F. 几乎不吃   G. 其他

11. 会选择品牌冰激凌吗：

    A. 会，有保证   B. 不会，买价格便宜且好吃的

12. 喜欢什么风格的冰激凌店：

    A. 欧式风情   B. 中式古典   C. 浪漫优雅   D. 现代时尚

感谢您能抽空填写，请留下您的宝贵意见，谢谢！

市场研究员的一天

早上8点57分冲进公司，因为昨晚熬夜赶一份报告，早上多睡了十几分钟，结果差点儿迟到。

我这一天的工作安排得满满的。

刚刚在座位上坐下，经理的电子邮件就发过来了，附件里是一份当地百货业的市场调查，里面有很多数据。上午的任务就是做数据分析和营销建议，主要通过研究商品的品牌、陈列方式、商场的客流、商场周边的人流、车流和设施等，了解这个城市商圈的特点，提出有效的营销建议。

转眼到了中午，拉上几个同事去饭馆吃午饭，好好放松了一下。休息之后，跟经理去拜访一家客户，了解客户的需求，然后根据了解到的情况，设计调查方案。

下班前，经理对上午提交的报告给出了修改意见，这是晚上的工作，明天就要把修改好的报告送交客户了。报告中的每一个结论都要有理有据，这才是对客户负责！

说实话，这是一份压力很大的工作，手里同时有两三个项目要处理是很正常的，加班熬夜是家常便饭。不过，付出总是有回报的。如果能够在这个行业中锻炼几年，一定能够学到很多东西，综合素质也会得到提高，无论走到哪里都能独当一面！

生词 New words

序号	简体	繁体	拼音	词性	英文释义
1.	研究员	研究員	yánjiūyuán	n.	researcher
2.	熬夜	熬夜	áoyè	v.	stay up late

序号	简体	繁体	拼音	词性	英文释义
3.	附件	附件	fùjiàn	*n.*	attachment
4.	百货业	百貨業	bǎihuòyè	*n.*	department store
5.	数据	數據	shùjù	*n.*	data
6.	营销	營銷	yíngxiāo	*v.*	marketing
7.	陈列	陳列	chénliè	*v.*	display
8.	客流	客流	kèliú	*n.*	passenger flow
9.	人流	人流	rénliú	*n.*	stream of people
10.	车流	車流	chēliú	*n.*	stream of cars
11.	商圈	商圈	shāngquān	*n.*	trading area
12.	转眼	轉眼	zhuǎnyǎn	*v.*	in a flash
13.	提交	提交	tíjiāo	*v.*	submit to
14.	报告	報告	bàogào	*n.*	report
15.	结论	結論	jiélùn	*n.*	conclusion
16.	有理有据	有理有據	yǒulǐ-yǒujù	*idiom.*	reasonable and substantiate
17.	压力	壓力	yālì	*n.*	pressure
18.	项目	項目	xiàngmù	*n.*	project
19.	家常便饭	家常便飯	jiācháng-biànfàn	*idiom.*	common occurrence
20.	付出	付出	fùchū	*v.*	pay
21.	回报	回報	huíbào	*v.*	return
22.	综合	綜合	zōnghé	*v.*	summarize
23.	独当一面	獨當一面	dúdāng-yīmiàn	*idiom.*	shoulder responsibilities alone

练 习　Exercises

一、根据课文内容判断正误。 True or false.

1. "我"早上多睡了十几分钟，上班迟到了。　　　　　　　（　　）

2. "我"上午的任务是做一份对某地百货业的市场调查。　　（　　）

3. 做数据分析是为了提出有效的营销建议。 （　　）

4. 中午和经理去客户家拜访，了解营销策略。 （　　）

5. "我"下班前修改好经理给的报告。 （　　）

6. 虽然工作压力大，但"我"觉得还是有回报的。 （　　）

二、词语连线。Match the words.

1. 拜访　　　　　　　a. 客户

2. 整理　　　　　　　b. 方案

3. 提高　　　　　　　c. 数据

4. 提出　　　　　　　d. 素质

5. 设计　　　　　　　e. 建议

三、选词填空。 Fill in the blanks with the most proper words.

| 熬夜 | 有效 | 营销 | 拜访 | 有理有据 |
| 压力 | 付出 | 素质 | 独当一面 | 家常便饭 |

1. 到年末的时候，公司销售经理都忙着＿＿＿客户，感谢一年来对他们工作的支持。

2. 老板下班前又交给他一项任务，他不得不＿＿＿加班才能完成。

3. 他提出的＿＿＿计划，公司领导经过研究认为是可行的。

4. 对于在外企工作的他来说，不能按时下班已经是＿＿＿了。

5. 俗话说，有＿＿＿才有动力，但你要学会解压。

6. 每当公司遇到难以解决的问题时，他都能＿＿＿地处理好。

7. 在工作中锻炼了那么多年，领导不在，他完全可以＿＿＿了。

8. 这是一家五星级酒店，但服务员的＿＿＿还有待提高。

9. 你对公司的＿＿＿领导已看在眼里，总有一天会得到回报的。

10. 市场分析所得出的结论都应该＿＿＿，那才能让人相信。

四、讨论。Discussion

1. 市场研究对企业的发展有怎样的作用？

2. 以一家超市为例，如果你是一名市场研究员，你会给出怎样的营销建议？

第三单元　市场调查
第六课　参加服装交易会

核心句 **Key sentences**

- ▶ 那就安排销售部的王经理去参加吧。
  Then, Mr. Wang, Manager of Sales Department, would go there.
- ▶ 小李, 你把海报张贴一下。
  Xiao Li, please go to put up the poster.
- ▶ 欢迎您选购我们的服装。
  We are happy that you are interested in buying clothes our company makes.
- ▶ 如果我要大量订货, 还能优惠吗?
  Can I have a further discount if I place a big order?
- ▶ 我们可以给您2%的优惠。
  You can enjoy a 2% discount.

参加服装交易会

秘　书：刘总，最近有一个大型服装
　　　　交易会，我们参不参加？

刘　总：哪里主办的？

秘　书：是中国服装协会主办的。

刘　总：什么时候？

秘　书：下个月五号。

刘　总：那就安排销售部的王经理
　　　　去参加吧。

秘　书：好的，我会通知他的。我们
　　　　还是要一个普通展位吗？

刘　总：对，普通展位，但是要位
　　　　置好一点儿的，最好是双面开口的。

秘　书：双面开口的要加收20%的费用。

刘　总：没问题。请王经理做好展位布置和展品准备工作。

小　李：王经理，我们的展位在A区16号。

王经理：这个位置不错。小李，你把海报张贴一下，再把展品摆出来。

（有客户来到展位前。）

王经理：您好，我们是万豪服饰公司，欢迎您选购我们的服装。

客　户：您好，我想看一看裙子。

王经理：我们的裙子种类很多，样式都是今年最新的，图案都是手工绘
　　　　制的，很独特。

客　户：看起来不错。这是什么面料啊？

王经理：这些是纯棉的，穿起来很舒服。

客　户：价格怎么样？

王经理：因为是交易会，价格比平时便宜。

客　户：如果我要大量订货，还能优惠吗？

王经理：如果您订货超过1000条，我们可以给您2%的优惠。

客　户：我大概需要2000条，什么时候可以发货？

王经理：最快10天交货。

客　户：今天就签合同吧。

王经理：好的。

课前预习　Preview

根据课文内容选择正确答案。 Choose the correct answers according to the text.

1. 这次服装交易会是哪里主办的？ （　）
   A. 商务部　　　　　　　　　　B. 中国服装协会
   C. 中国日用品总公司　　　　　D. 中国轻纺织总会

2. 谁一定会参加这次服装交易会？ （　）
   A. 刘总　　　　B. 秘书　　　　C. 王经理　　　　D. 汪经理

3. 关于展位，下列哪种说法是不正确的？ （　）
   A. 普通展位　　B. 单面开口　　C. 位置很好　　D. 双面开口

4. 如果客户订购2000条裙子，每条50元，总共优惠多少钱？ （　）
   A. 100元　　　B. 200元　　　C. 2000元　　　D. 1000元

5. 下面哪种说法正确？ （　）
   A. 客户选购的是裤子　　　　　B. 客户订货共1000件
   C. 客户不满意产品的面料　　　D. 客户想今天与公司签合同

生　词　New words

序号	简体	繁体	拼音	词性	英文释义
1.	交易会	交易會	jiāoyìhuì	*n.*	trade fair
2.	主办	主辦	zhǔbàn	*v.*	host
3.	协会	協會	xiéhuì	*n.*	association
4.	展位	展位	zhǎnwèi	*n.*	booth
5.	双面	雙面	shuāngmiàn	*adj.*	two-sided
6.	开口	開口	kāikǒu	*v.*	have an opening

序号	简体	繁体	拼音	词性	英文释义
7.	加收	加收	jiāshōu	v.	charge more
8.	海报	海報	hǎibào	n.	poster
9.	张贴	張貼	zhāngtiē	v.	put up
10.	展品	展品	zhǎnpǐn	n.	exhibit
11.	选购	選購	xuǎngòu	v.	pick up and buy
12.	图案	圖案	tú'àn	n.	design
13.	手工	手工	shǒugōng	v.	make by hand
14.	绘制	繪制	huìzhì	v.	paint
15.	独特	獨特	dútè	adj.	unique
16.	纯棉	純棉	chúnmián	n.	pure cotton
17.	订货	訂貨	dìnghuò	v.	order goods
18.	发货	發貨	fāhuò	v.	dispatch goods
19.	交货	交貨	jiāohuò	v.	deliver goods

语言点　Language points

1 动词+起来

原文：看起来不错。/ 这些是纯棉的，穿起来很舒服。

用法：用在动词后面做趋向补语，表示因某一动作而产生的某种印象或看法。

（1）开公司说起来容易，做起来很难。

（2）老板的话听起来很有道理。

（3）这样的计划书写起来很让人头疼。

2 超过

原文：如果您订货超过1000条，我们可以给您2%的优惠。

用法：比……还多（还高）；在……之上，后面常带数量词。

（1）据调查，目前市场上有超过20%的顾客对我们的服务有意见。

（2）今年全国电视机的产量超过了去年。

（3）5年来，我们厂生产的空调在国外的销售总量已经超过了10万台。

3 给……的优惠

原文： 如果您订货超过1000条，我们可以给您2%的优惠。

用法： 给人（多少）的优惠，意思是"给人优惠（便宜）多少"。相反，可以说"享受多少优惠"。

（1）这一品牌只有在"五一"、"十一"等节日才给顾客10%的优惠。

（2）为了吸引更多的客户，目前一些品牌店决定给客户20%的优惠。

（3）圣诞节快到了，商家搞活动，决定给顾客6折优惠。

即学即用　Language in use

1 请用"动词+起来"完成句子。Complete the sentences with "动词+起来".

（1）这个客户＿＿＿＿＿＿。

（2）这个项目＿＿＿＿＿＿。

（3）这件事情＿＿＿＿＿＿。

2 请用"超过"改写下列句子。Rewrite the sentences with "超过".

（1）合并后的银行资产总额将达到1.1万亿美元，高于美洲银行。

＿＿＿＿＿＿＿＿＿＿＿＿＿＿＿

（2）因为王小姐工作努力，所以这个月的收入比小李高。

＿＿＿＿＿＿＿＿＿＿＿＿＿＿＿

（3）由于公司发展需要，现在的员工比以前多了。

＿＿＿＿＿＿＿＿＿＿＿＿＿＿＿

3 请用"给……的优惠"改写句子。Rewrite the sentences with "给……的优惠".

（1）如果星期一去那家酒吧，可享受五折优惠。

＿＿＿＿＿＿＿＿＿＿＿＿＿＿＿

（2）这是一款新车，刚上市就推出5000元的优惠活动。

＿＿＿＿＿＿＿＿＿＿＿＿＿＿＿

（3）如果客户大批量订货，厂家会便宜20%。

＿＿＿＿＿＿＿＿＿＿＿＿＿＿＿

综合练习 Integrated exercises

听说练习 Listening and speaking exercises

一、根据听到的句子和它的三个应答，选择最恰当的应答。 Choose the most proper responses according to the sentences and the three responses you hear.

1. (　　) A. B. C.

2. (　　) A. B. C.

3. (　　) A. B. C.

4. (　　) A. B. C.

5. (　　) A. B. C.

二、根据听到的对话，选择最恰当的答案。 Choose the most proper answers according to the conversations you hear.

1. 下个月的汽车展销会最后安排谁去？ (　　)
   A. 杨经理　　　B. 李经理　　　C. 男的　　　D. 女的

2. 今年冬季农产品交易会在哪里举办？ (　　)
   A. 桂林　　　B. 丽江　　　C. 昆明　　　D. 不知道

3. 下面哪一项没有提到？ (　　)
   A. 参展费用　　　　　　B. 展馆展位图
   C. 展会介绍资料　　　　D. 参展服务手册

4. 最后确定参展的条件是什么？ (　　)
   A. 发参展表格　　　　　B. 交订金
   C. 汇全部展位费　　　　D. 打电话告知

5. 下面哪种说法是不正确的？ (　　)
   A. 他们现在在商店里。
   B. 展示的产品是茶叶。
   C. 长期大批量订货可得到优惠。

D．优惠比例至少是30%。

三、 根据听到的两段话，选择正确答案。 Choose the correct answers according to the two paragraphs you hear.

1—3题

1．他们在什么地方进行谈话？ （　　）
　　A．浙江　　　　　　B．广东　　　　　C．美国　　　　D．上海

2．李先生的公司是从事哪方面业务的？ （　　）
　　A．纺织品　　　　　B．家用电器　　　C．工艺品　　　D．文具用品

3．下面哪种说法正确？ （　　）
　　A．史密斯先生给了李先生名片。
　　B．李先生公司的产品在国外销路不太好。
　　C．史密斯先生以前就知道李先生公司的情况。
　　D．广交会后史密斯先生打算回国。

4—6题

4．下列哪个公司不是这次会议的参加者？ （　　）
　　A．酒业公司　　　　B．奶业公司　　　C．矿泉水公司D．饮料公司

5．最晚什么时候发参展表格确认参展？ （　　）
　　A．11月底　　　　　B．12月初　　　　C．12月中旬　　D．12月底

6．下面哪种说法正确？ （　　）
　　A．不可以提前运送展品。
　　B．提前申请租用电话线服务收取加急费。
　　C．在展会期间用水和煤气要加收一定的费用。
　　D．什么时候都可以预订到位置好的展位。

四、根据听到的内容填空。 Listen to the recording and fill in the blanks.

1．这次_____怎么样？

2．丝织品的_____精美。

3．_____纺织技术仍然是一个谜。

4．贵公司的服装_____就很有特色。

5. 这套服装上面有一些_____彩图。

五、看图说话。 Picture descriptions

在电子产品经贸洽谈会上，一位客户来到一家照相器材设备公司的摊位前，详细地了解相机的性能等，商谈价格后他们签定了合同。请根据下图会话。

1

2

3

4

六、 情景会话。 Situational conversations

1. 下个月将在广州召开饮品洽谈会。一家果汁饮品公司的秘书向会展联系人询问有关展会的问题，如主办方、参展方、预订展位、报名申请、参展费用及会前准备等。

2. 角色扮演。Role Play

角色1： 展会工作人员

任务 { 展会工作人员向商人介绍他们的公司及产品，并希望商人选购他们公司的产品，签下合同。

角色2： 商人

七、 讨论。 Discussion

1. 在交易会上，工作人员与客户交流洽谈业务时应注意什么问题？
2. 作为公司经理，面对众多的交易会、经贸洽谈会、展览会等，你会怎么选择？

读写练习 Reading and writing exercises

一、 选词填空。Fill in the blanks with the most proper words.

加收	选购	订货	优惠	签订
发货	超过	独特	张贴	主办

1. 在广交会上，客户与他们公司_____了上千万元的合同。
2. 在附近的火车票预售点买票，每张票要_____5元手续费。
3. 每次过节，商家都要推出各种_____活动来吸引消费者。
4. 在展会上，参展商都会在展位四周_____产品海报。
5. 由于经济危机，今年的总出口额不会_____去年。
6. 这次农产品展销会是由上海农产品总公司_____的。
7. 消费者_____食品时，一定要注意食品的生产日期。
8. 这种款式的手机因为造型_____，才非常畅销。
9. 产品一出厂，就有很多商家要求大批量_____，变得供不应求。
10. 如果客户将货款打到我们公司的银行帐户上，我们就马上_____。

二、 根据所给例子完成下列词语搭配。 Follow the given examples to fill in the blanks.

1. 加收<u>费用</u>
   加收_____ 加收_____ 加收_____
2. 贴<u>海报</u>
   贴_____ 贴_____ 贴_____
3. 选购<u>商品</u>
   选购_____ 选购_____ 选购_____
4. <u>造型</u>独特
   _____独特 _____独特 _____独特
5. 优惠<u>卡</u>
   优惠_____ 优惠_____ _____优惠

6. 签合同

　　签＿＿＿＿＿＿　　签＿＿＿＿＿＿　　签＿＿＿＿＿

三、选择合适的词语填空。　Fill in the blanks with the most proper words.

把　　起来　　过来　　出来　　给　　最好

1. 由于位置好的展位非常紧俏，＿＿＿＿＿＿提前预订。
2. 刚才传真机没纸了，你能＿＿＿＿＿＿展览会的文件再传一份给我吗？
3. 这批货的面料相当不错，用手摸＿＿＿＿＿＿质感很好。
4. 客户已经来了，小李，你赶快把展品摆＿＿＿＿＿＿吧！
5. 您请坐，我这就去请王经理＿＿＿＿＿＿签合同。
6. 如果您订货超过2000件，我们可以＿＿＿＿＿＿您3%的优惠。

四、用所给词语完成句子。　Complete the sentences with the given words.

1. 她有这个品牌的会员卡，＿＿＿＿＿＿＿＿＿＿＿＿＿＿＿＿。　（优惠）
2. ＿＿＿＿＿＿＿＿＿＿＿＿＿＿＿＿＿，我们感到无比自豪。　（主办）
3. ＿＿＿＿＿＿＿＿＿＿＿＿＿＿＿＿＿，因此价格不便宜。　（手工）
4. 老板对采购员还不太满意，＿＿＿＿＿＿＿＿＿＿＿＿＿。　（选购）
5. 客户看中了我们公司的产品质量，＿＿＿＿＿＿＿＿＿＿。　（订货）
6. 双方洽谈非常顺利，＿＿＿＿＿＿＿＿＿＿＿＿＿＿＿＿。　（签）

五、 写作。　Writing

　　你公司拟于12月18日～20日举办一次服装洽谈会，邀请国内外服装公司参加。请你写一份邀请函。

　　邀请函是邀请亲朋好友或知名人士、专家等参加某项活动时所发的邀约性书信。邀请函除了标题、称呼、落款外，正文主要包括邀请的原因、时间、地点、内容、细节安排或注意事项、问候语等。

邀请函参考例文：

交易会邀请函

全国个人新产品、新技术成果交易会定于2012年6月16日至18日在西安举行。这次交易会有全国各省、市近2000项个人新产品、新技术参加展出和交易。这些成果大多具有构想精巧、设计新颖、投资少、见效快等特点，涉及电子、建材、轻工、化工、食品、医疗、农林、环保、节能等许多方面，适合中小企业、乡镇企业和广大用户使用，恭请光临、参观。

主办单位：全国科技与人才开发交流协作网
承办单位：西安科技交流中心
地址：西安市南门外振兴路31号，从火车站乘3路汽车在南门外站下车，向西行200米。
电话：029-65787898
传真：029-65787899

2012年5月10日

副课文
Further reading

感受广交会

从大三那年起，我就开始跟广州交易会打交道。当时我在那里做翻译，没有太大的压力。我觉得一切都很新奇，有空还可以跟客户聊聊天。

毕业之后，我去了一家在深圳的公司。老板是印度人，他派我们去参加广交会。谁知道，我们不是去参展，而是去收集资料，什么资料都要。因为我们公司是卖杂货的，像服装、文具、陶瓷、家具什么的。广交会结束，我们收集了厚厚的资料，从中我们也掌握了很多有用的信息。

　　一年后，我去了一家韩国公司。我们陪老板去广交会采购。老板是个严谨的人，每个细节都问得非常清楚，而且一再讨价还价，谈妥之后才下单。我真的很佩服老板的严谨和细致。虽然是买家，但并不轻松。

　　现在我在一家外贸出口公司上班，还是要跟广交会打交道。交易会上客人来了，马上要介绍产品，而且要记清楚每个产品的价格。来询价的客人很多，幸好我们准备充分，不然还真应对不了。虽然累，但几天下来我们就签了好几笔大订单，真是不虚此行。

生　词　New words

序号	简体	繁体	拼音	词性	英文释义
1.	打交道	打交道	dǎjiāodào	v.	come into contact with
2.	翻译	翻譯	fānyì	v./n.	translate/translation
3.	新奇	新奇	xīnqí	adj.	novel
4.	收集	收集	shōují	v.	collect
5.	杂货	雜貨	záhuò	n.	groceries
6.	文具	文具	wénjù	n.	stationery
7.	陶瓷	陶瓷	táocí	n.	pottery and porcelain
8.	家具	家具	jiājù	n.	furniture
9.	掌握	掌握	zhǎngwò	v.	master
10.	采购	採購	cǎigòu	v.	purchase
11.	严谨	嚴謹	yánjǐn	adj.	strict
12.	讨价还价	討價還價	tǎojià-huánjià	idiom.	bargain
13.	下单	下單	xiàdān	v.	place an order
14.	佩服	佩服	pèifú	v.	admire
15.	买家	買家	mǎijiā	n.	buyer
16.	外贸	外貿	wàimào	n.	foreign trade
17.	出口	出口	chūkǒu	v.	export
18.	询价	詢價	xúnjià	v.	enquire
19.	幸好	幸好	xìnghǎo	adv.	fortunately

序号	简体	繁体	拼音	词性	英文释义
20.	不然	不然	*bùrán*	*conj.*	otherwise
21.	应对	應對	*yìngduì*	*v.*	cope with
22.	不虚此行	不虛此行	*bùxū-cǐxíng*	*idiom.*	a worthwhile journey

专有名词 Proper noun

序号	简体	繁体	拼音	英文释义
1.	广交会	廣交會	*Guǎngjiāohuì*	Guangzhou Trade Fair

练习　Exercises

一、根据课文内容判断正误。　True or false

1. "我"大学毕业后才开始和广交会打交道。　　　　　　　　　（　　）
2. "我"最初去广交会做销售员。　　　　　　　　　　　　　　（　　）
3. 毕业后第一次工作，"我"去广交会推销商品。　　　　　　　（　　）
4. 在韩国公司工作，"我"去广交会是为了采购，我觉得很累。　（　　）
5. 现在"我"在一家外贸出口公司工作，去广交会是为了推介产品。（　　）
6. 文中作者介绍了三次参加广交会的感受。　　　　　　　　　（　　）

二、选择正确答案。　Choose the correct answers.

1. 我在现在的公司工作，没有＿＿＿＿＿＿＿太大的压力。　　（　　）
   A. 怎么　　　　　B. 这么　　　　　C. 什么　　　　　D. 那么

2. 我去广交会＿＿＿＿＿＿去推销商品，＿＿＿＿＿＿去采购商品。（　　）
   A. 不是……但是……　　　　　　B. 不是……还是……
   C. 不是……也是……　　　　　　D. 不是……而是……

3. ＿＿＿＿＿＿企业有备用资金，＿＿＿＿＿＿就无法渡过难关。　（　　）
   A. 如果……那么……　　　　　　B. 幸好……不然……
   C. 只有……才……　　　　　　　D. 即使……也……

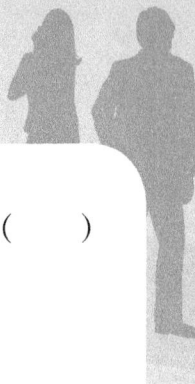

4. 几天_____，他就把公司的情况了解得一清二楚。　　　　（　　）

　　A. 下来　　　　　B. 上来　　　　　C. 过来　　　　　D. 进来

5. 为了方便工作，他们在很多城市都有代办处，像北京、广州、重庆

　　_____。　　　　　　　　　　　　　　　　　　　　　（　　）

　　A. 什么　　　　　B. 什么的　　　　C. 的　　　　　D. 了

6. 对方确认订货单_____，我们就马上发货。　　　　　　（　　）

　　A. 之后　　　　　B. 之前　　　　　C. 时　　　　　D. 上

三、选词填空。　Fill in the blanks with the most proper words.

| 打交道 | 采购 | 轻松 | 讨价还价 | 掌握 |
| 感受 | 压力 | 下单 | 订单 | 收集 |

1. 随着工厂生产线的扩大，面料_____量也加大了。

2. 由于我们推出的产品款式新颖，所以收到了很多_____。

3. 他已经_____了两门外语，对找工作很有帮助。

4. 在展会上，很多参展商都会_____大量宣传资料，回去再认真研究。

5. 现在在公司工作的白领都觉得_____太大了。

6. 和这位领导谈话，大家都觉得很_____。

7. 每次参加广交会都给我留下了不同的_____。

8. 我们对这款产品非常满意，很快就_____购货了。

9. 在国外购物很少有_____的，中国人去国外还有些不习惯。

10. 跟客户_____要讲究一些方法。

四、讨论。　Discussion

1. 在交易会上，怎样才能让客户对企业留下良好的印象？

2. 参加商品交易会对一个企业来说非常重要。你认为企业参展前要做好哪些
　　准备工作？

第四单元 广告策略

第七课 广告策划得怎么样了?

核心句 Key sentences

► 广告策划得怎么样了?

How are you doing with your advertising campaign?

► 广告设计一定要有创意。

Originality is badly needed in advertisement design.

► 我们的市场定位是高端消费者。

Our market is oriented towards high-end consumers.

► 我们打算利用多种媒体进行宣传。

We plan to make a publicity campaign through varieties of media.

► 很多品牌就是通过电视广告风行中国的。

Many brands have become popular by means of TV commercials.

广告策划得怎么样了？

钱　总：李经理，广告策划得怎么样了？

李经理：我们已经策划了三个方案。

钱　总：我们公司的化妆品是第一次进入中国市场，广告设计一定要有创意，要能吸引消费者的眼球，并给他们留下深刻的印象。另外，我们的市场定位是高端消费者，广告一定要充分体现这一点。

李经理：是。我们主要从两点来考虑：一是体现女性高贵、典雅的气质；二是突出亚洲女性皮肤的特点。这是具体的广告文案，请您过目。

钱　总：（翻了一下广告文案）嗯，不错，既有新意，又很时尚。那选择什么媒体呢？媒体的选择会直接影响到广告的效果。

李经理：我们打算利用多种媒体进行宣传。首选的当然是电视广告，毕竟电视的影响最广泛。很多品牌就是通过电视广告风行中国的。

钱　总：你说得有道理。不过在电视上做广告要注意挑选播放的时间。那其他媒体呢？

李经理：杂志也是很有效的广告媒体。杂志能反映现代女性的生活，提供最及时的时尚资讯。现代女性，特别是高收入的白领丽人，是它的忠实读者。我们在这些杂志上做宣传，容易被她们接受。

钱　总：对。广告是做给消费者看的，就要选择喜闻乐见的媒体。

课前预习 Preview

根据课文内容选择正确答案。Choose the correct answers according to the text.

1. 他们为哪种产品设计广告？ （ ）

   A. 电子产品　　　B. 办公用品　　　C. 化妆品　　　D. 装饰品

2. 已经策划了几个广告方案？ （ ）

   A. 三个　　　　　B. 四个　　　　　C. 五个　　　　D. 六个

3. 他们的产品主要针对哪类人？ （ ）

   A. 爱看电视的人　　　　　　　B. 高端消费者

   C. 杂志读者　　　　　　　　　D. 漂亮女性

4. 他们会首先选择哪种媒体做宣传？ （ ）

   A. 电视　　　　　B. 杂志　　　　　C. 广播　　　　D. 报纸

5. 关于杂志，以下哪点不符合？ （ ）

   A. 吸引高收入白领丽人　　　　B. 提供最新时尚资讯

   C. 介绍高薪工作岗位　　　　　D. 反映现代女性生活

生 词 New words

序号	简体	繁体	拼音	词性	英文释义
1.	策划	策劃	cèhuà	v.	plan
2.	进入	進入	jìnrù	v.	enter
3.	眼球	眼球	yǎnqiú	n.	eyeball
4.	深刻	深刻	shēnkè	adj.	deep
5.	印象	印象	yìnxiàng	n.	impression
6.	定位	定位	dìngwèi	v.	position
7.	高端	高端	gāoduān	n.	high-end
8.	体现	體現	tǐxiàn	v.	embody
9.	女性	女性	nǚxìng	n.	female

序号	简体	繁体	拼音	词性	英文释义
10.	高贵	高貴	gāoguì	*adj.*	honorably upright
11.	典雅	典雅	diǎnyǎ	*adj.*	elegant
12.	突出	突出	tūchū	*v./adj.*	highlight/conspicuous
13.	文案	文案	wén'àn	*n.*	official documents and letters
14.	新意	新意	xīnyì	*n.*	new ideas
15.	媒体	媒體	méitǐ	*n.*	media
16.	利用	利用	lìyòng	*v.*	make use of
17.	毕竟	畢竟	bìjìng	*adv.*	after all
18.	广泛	廣泛	guǎngfàn	*adj.*	extensive
19.	风行	風行	fēngxíng	*v.*	be in fashion
20.	挑选	挑選	tiāoxuǎn	*v.*	select
21.	播放	播放	bōfàng	*v.*	broadcast
22.	精英	精英	jīngyīng	*n.*	elite
23.	及时	及時	jíshí	*adj.*	in time
24.	资讯	資訊	zīxùn	*n.*	information
25.	白领	白領	báilǐng	*n.*	white collar
26.	忠实	忠實	zhōngshí	*adj.*	loyal
27.	喜闻乐见	喜聞樂見	xǐwén-lèjiàn	*idiom.*	love to see and hear

语言点　Language points

1

一是……，
二是……

原文： 我们主要从两点来考虑：一是体现女性高贵、典雅的气质；二是突出亚洲女性皮肤的特点。

用法： 用于列举观点、情况等。后面可以是词、短语或者句子。

（1）3G的优势，一是成本低，二是业务多。

（2）我认为这个牌子的产品，一是质量不过关，二是售后服务差。

（3）投资要记住两条基本准则，一是长期投资，二是分散投资。

2 毕竟

原文：首选的当然是电视广告，毕竟电视的影响最广泛。

用法：副词。表示追根究底所得出的结论。"毕竟"常用在肯定句中，强调原因或结果。

（1）虽然有人中了大奖，但买彩票毕竟只是一项娱乐，应该抱有平常心。

（2）一些想买车的人并不着急，因为毕竟车价还有回落的空间。

（3）网上购物最大的优势就是可以节省大量时间成本，毕竟时间就是金钱。

3 特别是

原文：现代女性，特别是高收入的白领丽人，是它的忠实读者。

用法：从同类情况中提出最重要的一种情况加以说明。后面为名词、动词或小句。

（1）国内业界看好未来TFT-LCD市场，特别是大尺寸电视市场。

（2）公司员工，特别是新员工，一定要留意公司的企业文化。

（3）公司正考虑加大开拓海外市场，特别是发展中国家市场的力度。

即学即用　Language in use

1. 请用"一是……，二是……"完成句子。Complete the sentences with "一是……，二是……".

（1）年轻人买手机注重两点，＿＿＿＿＿＿＿＿＿＿＿＿＿＿。

（2）这个居住小区给我的印象，＿＿＿＿＿＿＿＿＿＿＿＿。

（3）今天这个会议的主要内容＿＿＿＿＿＿＿＿＿＿＿＿＿。

2. 请用"毕竟"完成句子。Complete the sentences with "毕竟".

（1）你不要为难他，＿＿＿＿＿＿＿＿＿＿＿＿＿＿＿＿。

（2）他们的实力虽在增长，但＿＿＿＿＿＿＿＿＿＿＿＿。

（3）我们还会有很多机会，＿＿＿＿＿＿＿＿＿＿＿＿＿。

3 请用"特别是"完成句子。Complete the sentences with "特别是".

（1）公司六年来发展迅速，_____，取得了长足进步。

（2）我们公司人才济济，_____，水平很高。

（3）节日里各种家用电器，_____，非常畅销。

综合练习　Integrated exercises

听说练习 Listening and speaking exercises

一、根据听到的句子和它的三个应答，选择最恰当的应答。Choose the most proper responses according to the sentences and the three responses you hear.

1. （　　）　　　A.　　　　B.　　　　C.

2. （　　）　　　A.　　　　B.　　　　C.

3. （　　）　　　A.　　　　B.　　　　C.

4. （　　）　　　A.　　　　B.　　　　C.

5. （　　）　　　A.　　　　B.　　　　C.

6. （　　）　　　A.　　　　B.　　　　C.

二、根据听到的对话，选择最恰当的答案。Choose the most proper answers according to the conversations you hear.

1. 这是什么产品的广告？　　　　　　　　　　　　（　　）
   A. 装修材料　　　B. 化妆品　　　C. 家用电器　　　D. 办公用品

2. 广告策划为什么要修改？　　　　　　　　　　　　（　　）
   A. 没有特色　　　B. 客户不满意　C. 过于复杂　　　D. 时间太长

3. 应针对哪些人设计新产品的广告？　　　　　　　　（　　）
   A. 普通百姓　　　B. 公司经理　　C. 在校学生　　　D. 高端消费者

4. 对话中没有提到哪种媒体？　　　　　　　　　　　（　　）
   A. 广播　　　　　B. 报纸　　　　C. 电视　　　　　D. 杂志

5. 他们在谈论什么？ （　）

    A. 电视剧情节　　B. 节目预告　　C. 电视主持人　　D. 电视广告

6. 男士爱看哪类杂志？ （　）

    A. 服饰、时尚　　　　　　　　　B. 时尚、体育

    C. 体育、财经　　　　　　　　　D. 财经、情感

三、根据听到的两段话，选择正确答案。 Choose the correct answers according to the two paragraphs you hear.

1—3题

1. 销售玩具的企业不会选择哪种广告媒体？ （　）

    A. 电视　　　　B. 广播　　　　C. 杂志　　　　D. 报纸

2. 有技术资料的广告信息选择哪种媒体比较合适？ （　）

    A. 报纸　　　　B. 广播　　　　C. 电视　　　　D. 杂志

3. 关于选择广告媒体应考虑的因素，下面哪一项没提到？ （　）

    A. 广告对象　　B. 广告内容　　C. 广告产品　　D. 广告成本

4—6题

4. 收银员要董先生按什么标准付款？ （　）

    A. 6折价格　　B. 标价　　　　C. 出产价　　　D. 成本价

5. 为什么T恤衫不打折？ （　）

    A. 刚上市　　　B. 很畅销　　　C. 已过季　　　D. 是名牌

6. 最后董先生付了多少钱？ （　）

    A. 100元　　　B. 200元　　　C. 120元　　　D. 80元

四、根据听到的内容填空。 Listen to the recording and fill in the blanks.

1. 贵台影响_____。

2. 公司要选择消费者_____的形式。

3. 广告还要充分_____公司的经营理念。

4. 贵台_____时段的电视剧正在热播。

5. _____也就比其他时段都高。

五、看图说话。 Picture descriptions

某公司研发出新款洗发水，正召开会议讨论广告宣传。请根据下图会话。

1

2

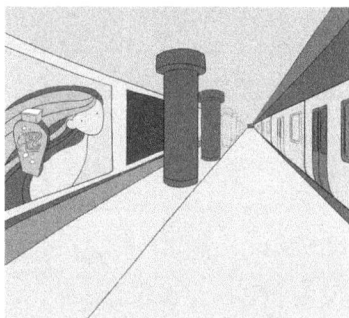

3

4

六、情景会话。 Situational conversations

1. 角色扮演。Role Play

角色1: 消费者

任务 两人从消费者角度谈论一则广告的优劣。

角色2: 消费者

2. 在一次关于广告策划的讨论会上，大家讨论广告的定位、媒体的选择等问题。

七、讨论。 Discussion

1. 谈谈一则电视广告或者杂志广告的特点。
2. 谈谈不同媒体广告宣传的利弊。

读写练习 Reading and writing exercises

一、选词填空。Fill in the blanks with the most proper words.

定位	广泛	体现	利用
突出	印象	风行	媒体

1. 这则广告策划定位明确，主题_____。
2. 广告要充分_____产品的特点和性质。
3. 我_____出差的机会到一些有名的公司去考察。
4. 这个广告别具特色，给我们留下了深刻的_____。
5. 与往年不同，今年中秋_____"杂粮"月饼。
6. 这个活动自去年开展以来，已在社会上产生_____的影响。
7. 在市场_____上，这款车型将农村用户作为重点。
8. 挑选合适的广告_____进行宣传是非常重要的。

二、词语连线。 Match the words.

1. 体现   a. 条件
2. 风行   b. 生活
3. 挑选   c. 特色
4. 利用   d. 衣服
5. 反映   e. 广告
6. 策划   f. 全国

三、 选择正确答案。 Choose the correct answers.

1. 这件事给我们留_____了深刻印象。   （   ）
   A. 和   B. 下   C. 上   D. 就

2. 小李毕业后不想回老家，_____大城市的就业机会更多。   （   ）
   A. 毕竟   B. 竟然   C. 终于   D. 因此

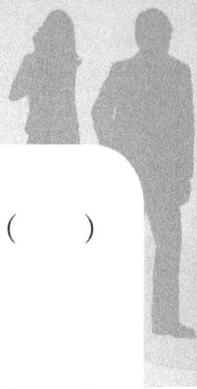

3. 这个方案_____体现了产品的特色，_____有新意。 （　　）

    A. 只要……就……　　　　　　　B. 先……再……

    C. 既……又……　　　　　　　　D. 如果……就……

4. 这里风景如画，_____是秋天，满山的红叶吸引了大批游客。 （　　）

    A. 虽然　　　　　B. 毕竟　　　　　C. 反而　　　　　D. 特别

5. 我们要_____不同的视角来看待这个问题。 （　　）

    A. 向　　　　　　B. 从　　　　　　C. 自　　　　　　D. 与

6. 电视广告影响面广，_____是我们的首选。 （　　）

    A. 不过　　　　　B. 才能　　　　　C. 当然　　　　　D. 只要

四、用所给词语完成句子。 Complete the sentences with the given words.

1. 企业发展要抓两点，_____。 （一是，二是）

2. 广告策划，_____。 （既……又）

3. 他还缺乏工作经验，_____。 （毕竟）

4. 公司各部门_____。 （特别是）

5. 这个地方风景优美，_____。 （给……留下）

五、写作。 Writing

请介绍你了解的一则产品广告，说明它的广告媒介、广告语、表现形式、社会反响等，并谈谈自己对广告的感觉。

副课文
Further reading

广告有真有假

一些商家为了推销商品，利用广告促销，"跳楼大削价"、"清仓大甩卖"、"全场五折起"、"限时特价"、"买三返二"等广告语，一个比一个醒目，一个比一个吸引人。然而，这些广告有真有假。

限时特价

一些商家经常会推出"限时特价"的销售活动，激发顾客的购买欲。顾客可以在限定的时间段内买到物美价廉的东西，商家也借此推销了更多的商品。

买三返二

买三返二，即买300元返200元优惠券。顾客在饭店用餐以后，经常会得到这样的优惠。商家发放饭店优惠券就是希望顾客再次光临，不过有的优惠券只能在午餐时使用。

全场五折起

一些商场和超市打出"全场五折起"的广告，其实这个"五折"只是极少数商品，并且是已经过时的。大部分商品还是打七折、八折、九折，甚至不打折。

买一送一

不少商家贴出"买一送一"的海报，顾客可以买到半价商品，就是买一件商品送一件同样的商品。不过，有的商家送的是不同的商品，比如买一条裤子送一条毛巾。

总之，在令人眼花缭乱的广告面前，顾客千万别冲动，一定要小心广告中的文字"陷阱"！

生词 New words

序号	简体	繁体	拼音	词性	英文释义
1.	推销	推銷	tuīxiāo	v.	promote sales
2.	削价	削價	xuējià	v.	cut price
3.	清仓	清倉	qīngcāng	v.	make an inventory of warehouses
4.	甩卖	甩賣	shuǎimài	v.	sell at reduced prices
5.	五折	五折	wǔzhé	n.	50% off
6.	限时	限時	xiànshí	v./n.	within a certain time limit
7.	特价	特價	tèjià	n.	special offer
8.	醒目	醒目	xǐngmù	adj.	attention attracting
9.	然而	然而	rán'ér	conj.	however
10.	限定	限定	xiàndìng	v.	restrict
11.	物美价廉	物美價廉	wùměi-jiàlián	idiom.	superior quality and competitive price
12.	即	即	jí	v.	that is
13.	返	返	fǎn	v.	return
14.	用餐	用餐	yòngcān	v.	take meal
15.	优惠	優惠	yōuhuì	adj.	favorable
16.	过时	過時	guòshí	adj.	out-of-date
17.	甚至	甚至	shènzhì	conj.	even
18.	总之	總之	zǒngzhī	conj.	in short
19.	眼花缭乱	眼花繚亂	yǎnhuā-liáoluàn	idiom.	dazzling
20.	千万	千萬	qiānwàn	adv.	by all means
21.	冲动	衝動	chōngdòng	v./n.	be on an impulse
22.	陷阱	陷阱	xiànjǐng	n.	trap

练 习　**Exercises**

一、根据课文内容选择正确答案。 Choose the correct answers according to
the text.

1. 文中介绍了几种促销广告情况？　　　　　　　　　　　　　　(　)
   A．两种　　　　　B．四种　　　　　C．六种　　　　　D．八种

2. "限时特价"的意思是什么？　　　　　　　　　　　　　　　(　)
   A．每天都有特价的商品　　　　　B．在商场限定的时段内特价
   C．在全部的节假日特价　　　　　D．各商家轮流在不同时间特价

3. 关于"买三返二"，以下哪个正确？　　　　　　　　　　　　(　)
   A．买300元只付200元　　　　　B．买3件商品再送2件商品
   C．买300元只付100元　　　　　D．买300元送200元券

4. "全场五折起"广告的"陷阱"是什么？　　　　　　　　　　　(　)
   A．只是部分商品打五折　　　　　B．只是送五折优惠券
   C．完全没有打折商品　　　　　　D．在一定时间段打五折

5. 这篇短文主要是为了说明什么？　　　　　　　　　　　　　　(　)
   A．商家要多利用广告促销　　　　B．怎样买到物美价廉的商品
   C．如何设计商场促销广告　　　　D．顾客不要被广告语欺骗

二、选择正确答案。 Choose the correct answers.

1. 这家商场商品五折销售，_____基本都是过时商品。　　　　(　)
   A．甚至　　　　　B．虽然　　　　　C．尽管　　　　　D．不过

2. 尽管商店打出促销广告，可_____吸引不了顾客。　　　　　(　)
   A．还要　　　　　B．就要　　　　　C．还是　　　　　D．但是

3. 商场打折的衣服已经过时，_____还存在质量问题。　　　　(　)
   A．甚至　　　　　B．因为　　　　　C．反而　　　　　D．虽然

4. "买一送一"，_____买一件商品送一件同样的商品。　　　　(　)
   A．可　　　　　　B．即　　　　　　C．也　　　　　　D．就

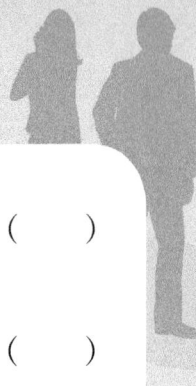

5. 如果手机短信说你中大奖，你可_____别上当受骗。 （　）

    A. 万万　　　　　B. 一万　　　　　C. 万一　　　　　D. 千万

6. 我喜欢买打折衣服，_____买来的很多衣服都没穿过。 （　）

    A. 其实　　　　　B. 真实　　　　　C. 实在　　　　　D. 的确

三、选词填空。　Fill in the blanks with the most proper words.

促销	醒目	限定	优惠
眼花缭乱	冲动	陷阱	激发

1. 黄金周加上购物节_____了市民的消费热情。

2. 那幅红色的广告语挂在超市门口非常_____。

3. 逛街时我经常会控制不住自己而_____购物。

4. 北京市住宅市场近日开始了打折_____活动。

5. 目前这款车最高_____两万元。

6. 我们对供应商进行了较为严格的_____。

7. 购房时要注意付款方式，以免落入对方设下的_____。

8. 今年的新车可不少，各个价位的新车看得人_____。

四、讨论。Discussion

1. 看到促销广告你会动心吗？你有没有落入促销广告"陷阱"的经历？

2. 作为消费者，你认为该如何辨别促销广告的真假？

第四单元　广告策略
第八课　无限商机尽在互联网

核心句　Key sentences

▶ 哪有什么秘诀? 其实很简单, 全靠互联网。

There is no secret to talk about. It is really simple, by taking advantage of the Internet.

▶ 随着互联网的发展, 网上交易方式也越来越科学、有效。

With the development of the Internet, online transactions have become more and more rational and effective.

▶ 电子商务网与其说是一个平台, 还不如说是一个市场。

The Electronic Commerce Network is a market rather than a platform.

▶ 电子商务网是我们实现这个目标的重要途径。

The Electronic Commerce Network is an important way for us to achieve the goal.

▶ 听了王总这些话, 真是受益匪浅。

Hearing what Mr. Wang, the General Manager, has said, we believe we have benefited a lot.

主课文 Text

无限商机尽在互联网

记　者：王总，您好！蓝天公司成立只有四年，却能做到现在这么大的规模。请问有什么秘诀吗？

电子商务网与其说是一个平台，还不如说是一个市场。

王　总：哪有什么秘诀？其实很简单，全靠互联网。现在，利用互联网做生意已经不是什么新鲜事了，但我觉得里面的商机仍然是无限的。随着互联网的发展，网上交易方式也越来越科学、有效。

记　者：那您能不能具体讲一讲？

王　总：电子商务网与其说是一个平台，还不如说是一个市场。只不过这个市场更专业，没有时间和地域限制，是个能将全世界商人集中在一起的超级市场。我们公司想要发展，正需要这个市场。

记　者：听您的意思，贵公司是不是已经开始将市场目标转向全球了？

王　总：做全球市场是迟早的事，但目前主要还是国内市场。我们的计划是先占领国内市场，然后以国内市场为中心，逐步走向全球市场。电子商务网是我们实现这个目标的重要途径，它的客户资源丰富，区域广泛。

记　者：听了王总这些话，真是受益匪浅。感谢王总今天接受我们的采访，同时也祝愿贵公司早日实现打进全球市场的梦想！

课前预习　Preview

根据课文内容判断正误。True or false

1. 王总没有告诉记者公司发展的秘诀。　　　　　　（　　）
2. 利用互联网做生意是刚刚兴起的事情。　　　　　（　　）
3. 电子商务网是为世界各地的大超市服务的。　　　（　　）
4. 电子商务网有丰富的客户资源，且不受地域限制。（　　）
5. 蓝天公司是做电子商务网站的。　　　　　　　　（　　）
6. 蓝天公司目前还没有占领全球市场。　　　　　　（　　）

生词　New words

序号	简体	繁体	拼音	词性	英文释义
1.	无限	無限	wúxiàn	adj.	unlimited
2.	商机	商機	shāngjī	n.	business opportunity
3.	尽	盡	jìn	adv.	to the greatest extent
4.	互联网	互聯網	hùliánwǎng	n.	Internet
5.	秘诀	秘訣	mìjué	n.	secret
6.	新鲜	新鮮	xīnxiān	adj.	fresh
7.	仍然	仍然	réngrán	adv.	still
8.	随着	隨着	suízhe	prep.	with
9.	平台	平臺	píngtái	n.	platform
10.	专业	專業	zhuānyè	adj.	professional
11.	地域	地域	dìyù	n.	region
12.	限制	限制	xiànzhì	v.	restrict
13.	将	將	jiāng	prep.	take
14.	集中	集中	jízhōng	v.	concentrate

序号	简体	繁体	拼音	词性	英文释义
15.	超级	超級	chāojí	*adj.*	super
16.	目标	目標	mùbiāo	*n.*	goal
17.	转向	轉向	zhuǎnxiàng	*v.*	turn to
18.	全球	全球	quánqiú	*n.*	globe, the whole world
19.	迟早	遲早	chízǎo	*adv.*	sooner or later
20.	占领	占領	zhànlǐng	*v.*	occupy
21.	中心	中心	zhōngxīn	*n.*	center
22.	逐步	逐步	zhúbù	*adv.*	step by step
23.	途径	途徑	tújìng	*n.*	way
24.	资源	資源	zīyuán	*n.*	resource
25.	区域	區域	qūyù	*n.*	area
26.	受益匪浅	受益匪淺	shòuyì-fěiqiǎn	*idiom.*	benefit a lot
27.	同时	同時	tóngshí	*conj.*	at the same time
28.	祝愿	祝願	zhùyuàn	*v.*	wish
29.	早日	早日	zǎorì	*adv.*	early

语言点　Language points

1
仍然

原文： 但我觉得里面的商机仍然是无限的。

用法： 副词。表示某种情况持续不变。修饰动词、形容词。常用于表示转折的后一小句中，前面常有"可是、但是、却"。多用于书面语。

（1）下班以后他仍然在考虑工作中的问题。

（2）虽然是雨天，但是商场里仍然像往常一样热闹。

（3）说了他很多次，但他仍然坚持自己的观点。

2
随着

原文： 随着互联网的发展，网上交易方式越来越科学、有效。

用法： 介词。跟着，后面跟名词性短语，一般用于句子开头。

（1）随着天气转冷，土豆等蔬菜开始陆续上市。

（2）随着汽车、住房销售的持续火爆，消费类贷款快速增长。

（3）随着人们生活的改善，节假日外出旅游的人越来越多了。

3 与其……，不如……

原文： 电子商务网与其说是一个平台，还不如说是一个市场。

用法： "与其……，不如……"表示在比较之后选择后一种。"与其说……，不如说……"则表示对客观情况的判断，在说话人看来，后一种说法更正确。"不如"前可以加"还、倒、真"等词。

（1）与其这样下去，还不如薄利多销（bólì-duōxiāo; small profits but quick returns）。

（2）与其现在买房，不如再等一段时间，也许那时房价会跌。

（3）企业开工生产与其说是为了获取效益，不如说是为了保持市场份额。

4 只不过

原文： 只不过这个市场更专业。

用法： 仅仅，只是。

（1）长假过后，金秋旅游依然很热，只不过旅游的人群由组团变成了自驾游。

（2）商品房成交价依然上涨，只不过涨幅比上月有所减少。

（3）这里的商品任何时候都可以砍价，只不过旺季砍价的余地很小。

5 以……为

原文： 然后以国内市场为中心，逐步走向全球市场。

用法： "以……为"意思是"把……作为"。

（1）展览活动参加人员以销售部职员为主。

（2）我们要以用户的需求为目标来进行设计。

（3）公司今年以研发工作为首要任务。

6 同时

原文： 感谢王总今天接受我们的采访，同时也祝愿贵公司早日实现打进全球市场的梦想！

用法： 表示并列关系，常含有进一层的意思。后面常有"也、还、又"。

（1）这是非常重要的任务，同时也是十分艰巨的任务。

（2）她在一家外资企业上班，同时又投资了一个网络小店。

（3）王经理负责产品的推广工作，同时还主持产品的研发工作。

即学即用 Language in use

1. 请用"仍然"改写句子。Rewrite the sentences with "仍然".

（1）他在工作中遇到了一些麻烦，可还是充满了信心。

_____

（2）虽然他们的产品价格昂贵，但还是有不少购买者。

_____

（3）尽管薪水不高，他不想离开这家公司。

_____

2. 请用"随着"完成句子。Complete the sentences with "随着".

（1）_____，在网上开店的人也越来越多。

（2）_____，企业的实力也在不断增强。

（3）_____，一些购房者开始持币观望。

3. 请用"与其……"或"不如……"完成句子。Complete the sentences with "与其……" or "不如……".

（1）与其向公司总经理了解销售情况，_____。

（2）_____，还不如到促销时购买实惠。

（3）这场决赛与其说是和对手比，_____。

4. 请用"以……为"改写句子。Rewrite the sentences with "以……为".

（1）他借口生病不去开会。

_____

（2）公司的经营宗旨是"为客户提供优质服务"。

_____

（3）他投资黄金，获得了很高的收益。

_____

5. 请用"只不过"完成句子。Complete the sentences with "只不过".

（1）买房也是一种消费行为，_____。

（2）她不是公司副经理，_____。

（3）这件衣服促销优惠幅度并不大，_____。

6. 请用"同时"完成句子。Complete the sentences with "同时".

（1）他投资房产，_____。

（2）新款车型大量上市，_____。

（3）我们公司生产空调洗衣机，_____。

综合练习 Integrated exercises

听说练习 Listening and speaking exercises

一、根据听到的句子和它的三个应答，选择最恰当的应答。Choose the most
   proper responses according to the sentences and the three responses
   you hear.

1. （   ）   A.   B.   C.

2. （   ）   A.   B.   C.

3. （   ）   A.   B.   C.

4. （   ）   A.   B.   C.

5. （   ）   A.   B.   C.

6. （   ）   A.   B.   C.

二、根据听到的对话，选择最恰当的答案。Choose the most proper answers
   according to the conversations you hear.

1. 公司为什么发展很快？   （   ）
   A. 经理很厉害   B. 规模很大
   C. 市场定位明确   D. 成立时间长

2. 男士有什么建议？   （   ）
   A. 多向新客户介绍   B. 上网购买产品
   C. 给新客户优惠   D. 上网联系客户

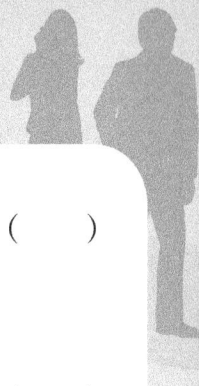

3. 女士担心什么？ （　　）

    A．不能上网　　　　　　B．网上有"陷阱"

    C．网上不能交易　　　　D．互联网发展慢

4. 销售部工作有什么进展？ （　　）

    A．正在制定销售方案　　B．遇到了一些麻烦

    C．提前实现了销售目标　D．可能无法完成销售计划

5. 他们在谈论什么？ （　　）

    A．电子商务网的优势　　B．电子商务网交易的方式

    C．打进全球市场的计划　D．怎样寻找合适的合作伙伴

三、根据听到的两段话，选择正确答案。Choose the correct answers according to the two paragraphs you hear.

1—3题

1. 关于"兼职"店主，以下哪种说法正确？ （　　）

    A．专门经营网络小店　　B．上班薪水较低

    C．下班后另外经营小店　D．边工作边学习

2. "兼职"店主投资小店最主要的目的是什么？ （　　）

    A．挣钱养家　　　　　　B．丰富生活

    C．得到升职的机会　　　D．展示自己的能力

3. 关于"兼职"店主开店的目的，下面哪一项没提到？ （　　）

    A．喜欢购物　　　　　　B．为满足自己的喜好

    C．善于求新　　　　　　D．为缓解（huǎnjiě; alleviate）工作压力

4—6题

4. 什么样的人对网络团购感兴趣？ （　　）

    A．60岁以上的老年人　　B．35岁到40岁的白领

    C．35岁左右的家庭主妇　D．25岁到35岁的年轻人

5. 团购最核心的优势是什么？ （　　）

    A．商品品种更加丰富　　B．方便消费者比较商品价格

    C．商品价格更为优惠　　D．满足消费者的特殊要求

6. 下面哪一项不是网络团购需要注意的情况？　　　　　　　　(　)

    A．没有送货服务　　　　　B．虚报低价

    C．没有售后服务　　　　　D．以次充好

四、根据听到的内容填空。Listen to the recording and fill in the blanks.

1. 网上购物已经不是什么＿＿＿＿事了。

2. 网购是＿＿＿＿的一种。

3. 随着＿＿＿＿的快速发展。网购已经逐渐深入老百姓的生活，越来越受欢迎。

4. 网购已经成为很多人购物的重要＿＿＿＿。

5. 这些都让消费者＿＿＿＿。

五、看图说话。Picture descriptions

李小姐与一位老板朋友谈论通过互联网寻找商机的事情。请根据下图会话。

1

2

3

4

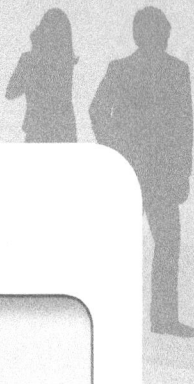

六、情景会话。Situational conversations

1. 角色扮演。Role play

角色1：记者

角色2：老板

任务 { 记者采访老板，了解老板是如何找到商业机会，把一家小公司变为大公司的。

2. 在公司年终总结会上，经理总结当年的情况，并提出下一年的发展目标；各部门经理出谋划策，谈论寻找商机等问题。

七、讨论。Discussion

1. 网络时代，消费者的消费观念和经营者的营销观念有什么变化？
2. 请讲一则关于如何寻找商机并最后获得成功的故事。

读写练习 Reading and writing exercises

一、选词填空。Fill in the blanks with the most proper words.

逐步	途径	秘诀	实现
占领	限制	同时	迟早

1. 信息产品成功的_____就是要充分掌握客户的个人信息。
2. 本次设计大赛报名有名额_____，在50人以内。
3. 这款手机以其独特的设计风格迅速_____了很大一块市场。
4. 公司今年_____销售收入490亿元。
5. 他希望通过法律_____来解决这个问题。
6. 我们公司正以国内市场为中心，_____开拓全球市场。
7. 房价实在太高了，_____会跌下来的。
8. 三款新手机将在下个月_____在市场推出。

二、词语连线。Match the words.

1. 占领　　　　　　　　a. 商机
2. 实现　　　　　　　　b. 丰富
3. 无限　　　　　　　　c. 限制
4. 资源　　　　　　　　d. 市场
5. 地域　　　　　　　　e. 途径
6. 重要　　　　　　　　f. 目标

三、选择正确答案。Choose the correct answers.

1. 居民购房类型_____以新建商品房为主。　　　　　（　　）
　　A. 虽然　　　　B. 突然　　　　C. 仍然　　　　D. 果然

2. 公司下一步的目标是从国内市场转_____国外市场。　（　　）
　　A. 给　　　　　B. 向　　　　　C. 对　　　　　D. 从

3. _____不停地跳槽，_____待在一个地方稳定发展。（　　）
　　A. 与其……不如……　　　　B. 如果……就……
　　C. 不仅……而且……　　　　D. 虽然……但是……

4. 他们坚持以质量_____第一目标，因此，产品受到客户的欢迎。（　　）
　　A. 给　　　　　B. 过　　　　　C. 做　　　　　D. 为

5. 他对这个问题有不同的看法，只_____没有说出来。　（　　）
　　A. 所以　　　　B. 但是　　　　C. 而且　　　　D. 不过

6. _____黄金周的到来，旅游市场也出现了火爆场面。（　　）
　　A. 为了　　　　B. 只要　　　　C. 随着　　　　D. 如果

四、用所给词语完成句子。Complete the sentences with the given words.

1. 他虽然身体不舒服，但_____。（仍然）
2. 与其去商场购物，还_____。（不如）
3. _____，周末很多人去市郊旅游。（随着）
4. 公司计划_____，进一步向农村地区拓展。（以……为）
5. _____，这件事要由总经理决定。（只不过）
6. 他是一个工作狂，_____。（同时）

五、写作。Writing

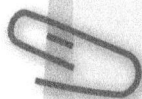

你公司是一家专门生产各式唐装的公司，为扩大销售，特在公司主页上发出一份推销产品函，希望有需求的客户来函订购。

推销产品函是向对方推销产品而使用的一种业务信函。主要结构包括标题、称呼、正文和落款。正文包括发函目的、产品介绍、提出保修期和免费试用、说明价格合理性、呼吁消费者购买等。

推销产品函参考例文：

推销工艺品函

××公司：

从我驻意大利使馆商务处来信中获悉贵公司希望与我国经营工艺品的外贸出口公司建立业务联系。我们高兴地通知贵公司，我们愿意在开展这类商品的贸易方面与贵公司合作。

我公司经营的工艺品有绣品、草竹编、灯具、涤纶（dílún; terylene）花、珠宝首饰以及仿古器物和书画等。这些品种均制作精美，质量上乘。特别是涤纶花，式样新颖，色泽鲜艳，形态逼真，可与鲜花媲美（pìměi; compare favorably）。目前在欧美、亚洲等许多国家极为畅销，深受消费者的喜爱。现寄上涤纶花样照一套，以供参考。欢迎来信联系。

××进出口公司

×年×月×日

副课文 Further reading

节日新商机

节日历来是消费旺季，而随着中国人生活方式的不断变化，一些原先意想不到的新商机出现了。

"代"服务

　　28岁的汤琪要跟丈夫回湖北老家过年，但家里那条"贵宾犬"让她放心不下：坐飞机回老家，不能带着小狗同行；夫妻俩在上海又没有亲戚，无法寄养。后来在网上发现有代养宠物的服务，这可帮她解决了大问题。

　　事实上，寄养宠物、照料花草等各种"代"服务已经不少见了。春节出行，有人专门提供代购票的服务；亲友聚会，多喝了三五杯，"代驾"公司能帮你把车安全地开回家；一些放长假赴外地探亲、旅游的年轻人，甚至希望房子有人"代住"，既料理家务，又防止小偷"光顾"。

"打折向导"

　　节日期间，商家纷纷推出各种促销活动，许多消费者想"货比三家"，却没有时间一家一家地逛。于是，有人看到了其中的商机，专门搜集各类打折信息，分门别类，汇总发布，当起了"打折向导"。在一些专业的折扣网站，商家的促销信息被安排在醒目位置，消费者可以快速查找到各类促销信息，就像"网上逛街"。这种"打折向导"尤其受到女性消费者的欢迎，既省时又省力，点击率节节攀升。

生 词　New words

序号	简体	繁体	拼音	词性	英文释义
1.	历来	歷來	lìlái	*adv.*	always
2.	旺季	旺季	wàngjì	*n.*	boom season
3.	原先	原先	yuánxiān	*n.*	former
4.	同行	同行	tóngxíng	*v.*	travel together

序号	简体	繁体	拼音	词性	英文释义
5.	亲戚	親戚	qīnqi	*n.*	relative
6.	寄养	寄養	jìyǎng	*v.*	entrust one's child or pet to the care of sb.
7.	事实	事實	shìshí	*n.*	fact
8.	宠物	寵物	chǒngwù	*n.*	pet
9.	料理	料理	liàolǐ	*v.*	take care of
10.	赴	赴	fù	*v.*	go
11.	探亲	探親	tànqīn	*v.*	visit relatives
12.	家务	家務	jiāwù	*n.*	housework
13.	防止	防止	fángzhǐ	*v.*	prevent
14.	光顾	光顧	guānggù	*v.*	patronize
15.	向导	嚮導	xiàngdǎo	*n.*	guide
16.	纷纷	紛紛	fēnfēn	*adv.*	one after another
17.	货比三家	貨比三家	huòbǐsānjiā	*idiom.*	shop around
18.	专门	專門	zhuānmén	*adv.*	specially
19.	搜集	搜集	sōují	*v.*	collect
20.	分门别类	分門別類	fēnmén-biélèi	*idiom.*	arrange into sorts
21.	汇总	匯總	huìzǒng	*v.*	gather
22.	发布	發布	fābù	*v.*	issue
23.	折扣	折扣	zhékòu	*n.*	discount
24.	查找	查找	cházhǎo	*v.*	search for
25.	尤其	尤其	yóuqí	*adv.*	especially
26.	点击率	點擊率	diǎnjīlù	*n.*	click-through rate
27.	节节	節節	jiéjié	*mw.*	steadily
28.	攀升	攀昇	pānshēng	*v.*	go up

专有名词 Proper noun

序号	简体	繁体	拼音	英文释义
1.	湖北	湖北	Húběi	Hubei

练习 Exercises

一、根据课文内容选择正确答案。Choose the correct answers according to the text.

1. 关于汤琪，以下哪种说法不正确？ （ ）
   A．不在上海过年 　　　　　B．已经结婚了
   C．家里有条小狗 　　　　　D．陪贵宾去湖北

2. "代驾"公司的业务是什么？ （ ）
   A．代人出差　　B．代人开车　　C．代人买车　　D．代人聚会

3. 关于"代"服务，以下哪种没提到？ （ ）
   A．照料家务　　B．购票　　　C．抓小偷　　D．养宠物

4. 什么样的人是"打折向导"？ （ ）
   A．专门为消费者提供打折信息　　B．为商场策划促销活动
   C．商场的女性服务员　　　　　D．在商场引导顾客购物

5. 为什么"打折向导"受欢迎？ （ ）
   A．商品价格便宜 　　　　　B．商品丰富多彩
   C．可以货比三家 　　　　　D．既省时又省力

二、选择正确答案。Choose the correct answers.

1. 她出差在外，对她的女儿_____。 （ ）
   A．不放下心　　B．放心不下　　C．不下放心　　D．放下不心

2. 这所高校毕业生的就业_____达到90%。 （ ）
   A．数　　　　B．率　　　　C．量　　　　D．人

3. 这些问题很麻烦，要_____地去解决。 （ ）
   A．一个一个　　B．各个　　　C．个个　　　D．每个

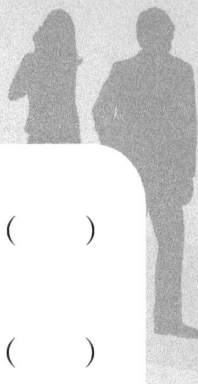

4. 女性消费者_____喜欢购买打折商品。 （　）

    A. 而且　　　　　B. 甚至　　　　　C. 尤其　　　　　D. 然而

5. 我没有买到火车票，_____，就只好坐飞机去了。 （　）

    A. 而且　　　　　B. 于是　　　　　C. 否则　　　　　D. 但是

6. 因为展览会没有特色，大家都_____离开了会场。 （　）

    A. 纷纷　　　　　B. 更加　　　　　C. 逐步　　　　　D. 于是

三、选词填空。Fill in the blanks with the most proper words.

点击率	防止	发布	攀升
光顾	汇总	货比三家	专门

1. 我们公司将于下周一_____最新研发的产品。

2. 聪明的消费者在购物时会_____。

3. 目前，本市网上楼盘_____日均2万人次以上。

4. 附近公司一些职员常常_____这个健身房。

5. 我把展览会的相关信息_____后再向经理汇报。

6. 我在商场是_____负责售后服务工作的。

7. 这个软件具有_____盗版（dàobǎn; copyright piracy）的功能。

8. 最近新开楼盘房价节节_____，使不少购房者纷纷转向二手房市场。

四、讨论。Discussion

1. 你还了解生活中哪些新的商机？试举例说明。

2. 网络时代，人们的生活发生了很大的变化，请谈谈网络的利与弊。

第五单元　市场营销

第九课　"顾问式"销售理念

核心句　Key sentences

► 我代表销售部热情欢迎各位的加入。

I'd like to express my sincere congratulations on your participation on behalf of our sales department.

► 首先请赵助理介绍一下公司的销售理念。

Firstly, let Assistant Zhao introduce the marketing concepts of our company.

► 公司有明确的销售理念，那就是"顾问式"销售。

Our company has the explicit advisory marketing concepts.

► 对公司来说，诚信是第一位的，要像对待朋友一样对待客户。

Keeping faith is the most important thing for a company. We should treat the clients as our friends.

► 希望各位新员工及时掌握信息化工具。

I hope that our new employees could master information-based tools in time.

"顾问式"销售理念

李经理：我代表销售部热情欢迎各位的加入，希望各位能够迅速地融入到这个团队中。首先请赵助理介绍一下公司的销售理念。

赵助理：公司有明确的销售理念，那就是"顾问式"销售。具体来说，就是用客户顾问的方式进行销售，让顾客买得明白、买得放心、买得满意、买得舒服、买得有价值。

公司有明确的销售理念，那就是"顾问式"销售。

销售部新员工欢迎会

李经理：是的，这很重要。有的员工为了尽快成交往往言过其实，这种做法一定要避免。对公司来说，诚信是第一位的，要像对待朋友一样对待客户，为客户提供解决方案。

赵助理：公司还非常重视信息化。2004年公司成立时，就选择了商务领航的网络硬盘、企业建站和企业邮箱服务等信息化工具，能及时得到客户的反馈信息，大大提高了工作效率。

李经理：是的，这一点我深有同感。使用信息化工具，能随时随地地把公司产品的最新资料展示给客户看，这的确给工作带来了方便。希望各位新员工及时掌握信息化工具。

赵助理：另外，为方便与客户沟通，我们会给每一位员工制作名片，除了员工的姓名与联系方式外，还有公司的网站名和邮箱地址。

李经理：既然各位加入了我们团队，就要掌握"顾问式"销售理念。上个月政府2012年办公用品采购招标会，销售部参与投标，最后中标。成功的原因之一就是"顾问式"销售理念。

赵助理：下面请李工程师讲解信息化工具的使用，大家欢迎。

课前预习 Preview

根据课文内容选择正确答案。Choose the correct answers according to the text.

1. 这段话可能发生在什么场合？　　　　　　　　　　　　　（　　）
   A. 产品交流会　　　　　　B. 员工交流会
   C. 产品招标会　　　　　　D. 员工培训会

2. 关于"顾问式"销售，下面哪一项不正确？　　　　　　　（　　）
   A. 用客户顾问的方式进行销售。
   B. 为了尽快成交可以夸大产品性能。
   C. 让顾客买得放心、买得满意、买得有价值。
   D. 要像对待朋友一样对待客户，为客户提供解决方案。

3. 关于信息化工具，下面哪一项未提到？　　　　　　　　（　　）
   A. 公司购买企业彩铃和办公自动化产品来提高公司形象。
   B. 选择商务领航的网络硬盘、企业建站和企业邮箱服务。
   C. 能及时得到客户的反馈信息，大大提高了工作效率。
   D. 能随时随地地将公司产品的最新资料演示给客户看。

4. 李经理为什么选择商务领航信息化工具？　　　　　　　（　　）
   A. 他是学IT专业的　　　　B. 他想中标
   C. 他经常到国外出差　　　D. 他希望能随时随地地演示最新资料

5. 公司选择商务领航信息化工具的结果是什么？　　　　　（　　）
   A. 花了很多钱
   B. 给工作带来了方便，也提高了效率
   C. 带来了很多利润
   D. 可以展示公司的产品

生　词　New words

序号	简体	繁体	拼音	词性	英文释义
1.	顾问	顧問	gùwèn	*n.*	advisor
2.	融入	融入	róngrù	*v.*	integrate into

序号	简体	繁体	拼音	词性	英文释义
3.	助理	助理	zhùlǐ	*n.*	assistant
4.	明确	明確	míngquè	*adj.*	explicit
5.	价值	價值	jiàzhí	*n.*	value
6.	成交	成交	chéngjiāo	*v.*	conclude a deal
7.	言过其实	言過其實	yánguò qíshí	*idiom.*	exaggerate
8.	诚信	誠信	chéngxìn	*adj.*	credibility and integrity
9.	方案	方案	fāng'àn	*n.*	plan
10.	信息化	信息化	xìnxīhuà	*v.*	informatization
11.	硬盘	硬盤	yìngpán	*n.*	hard disk
12.	反馈	反饋	fǎnkuì	*v.*	feedback
13.	效率	效率	xiàolǜ	*n.*	efficiency
14.	随时随地	隨時隨地	suíshí-suídì	*idiom.*	whenever and wherever possible
15.	展示	展示	zhǎnshì	*v.*	display
16.	的确	的確	díquè	*adv.*	indeed
17.	制作	製作	zhìzuò	*v.*	make
18.	招标	招標	zhāobiāo	*v.*	invite bids
19.	参与	參與	cānyù	*v.*	participate
20.	投标	投標	tóubiāo	*v.*	bid
21.	中标	中標	zhòngbiāo	*v.*	win a bid
22.	工程师	工程師	gōngchéngshī	*n.*	engineer

语言点　Language points

1
给（+名词
+动词）

原文：这的确给工作带来了方便。

用法："给"是介词，"替、为"的意思。表示为某人做某事。

（1）你给我想想办法吧。

（2）我给他找到了一个合适的工作。

（3）公司给每个职工都买了保险。

2
既然……
就……

原文：既然各位加入了我们团队，就要掌握"顾问式"销售理念。

用法：表示情况已经存在或条件得到满足，就可以推出相应的结论。常和"就、也、便"等搭配。

（1）既然你没有时间，就不必参加洽谈会了。

（2）既然你喜欢，就买一个吧。

（3）既然来了，就安心地工作吧。

即学即用　Language in use

1. 请用"给+名词+动词"改写句子。Complete the sentences with "给+名词+动词".

（1）我请他帮我买一些东西。

_____。

（2）小李替我借到了一笔钱。

_____。

（3）这个项目为公司带来了生意。

_____。

2. 请用"既然……，就……"完成句子。Complete the sentences with "既然……，就……".

（1）你既然打算去上海旅游，_____。

（2）_____，就好好地努力吧。

（3）既然经理同意了，_____。

（4）_____，那你就辞职吧。

综合练习 **Integrated exercises**

听说练习 Listening and speaking exercises

一、根据听到的句子和它的三个应答，选择最恰当的应答。 Choose the most proper responses according to the sentences and the three responses you hear.

1. (　　)　　　A.　　　　B.　　　　C.

2. (　　)　　　A.　　　　B.　　　　C.

3. (　　)　　　A.　　　　B.　　　　C.

4. (　　)　　　A.　　　　B.　　　　C.

5. (　　)　　　A.　　　　B.　　　　C.

6. (　　)　　　A.　　　　B.　　　　C.

二、根据听到的对话，选择最恰当的答案。 Choose the most proper answers according to the conversations you hear.

1. 这段对话可能发生在什么场合？　　　　　　　　　　(　　)
   A. 员工培训　　　　　　　B. 汽车销售会
   C. 电视访谈　　　　　　　D. 售后服务会

2. 家乐福的经营理念是什么？　　　　　　　　　　　(　　)
   A. 不断创新　　　　　　　B. 生活方式多样化
   C. 感受乐趣　　　　　　　D. 提供优良的环境

3. 关于三星电子，下面哪一项未提到？　　　　　　　(　　)
   A. 三星电子在世界500强中排行靠前
   B. 三星产品的技术开发大部分在韩国进行
   C. 最重要的还是人才和技术
   D. 三星产品在中国很受欢迎

4. 男的想做什么？　　　　　　　　　　　　　　　(　　)
   A. 看网站　　　　　　　　B. 看通知
   C. 打听情况　　　　　　　D. 参加招聘会

5. 他们在谈论什么？ （ ）

    A. 两家公司怎样合作　　B. 公司发展快的原因

    C. 怎样提高工作效率　　D. 商务领航的信息化工具

6. 男的是什么意思？ （ ）

    A. 他知道为什么没有中标

    B. 没有中标，他觉得很意外

    C. 他不敢相信中标了

    D. 中标了，他很惊喜

三、根据听到的两段话，选择正确答案。Choose the most proper answers according to the two paragraphs you hear.

1—3题

1. 关于麦当劳的发展，下面哪一项未提到？ （ ）

    A. 是当今世界上最大的快餐连锁店

    B. 已开设了大约三万家连锁店

    C. 在一百多个国家开设连锁店

    D. 在中国拥有一千多家餐厅

2. 麦当劳经营理念中的"Q"是什么意思？ （ ）

    A. 质量、品质　　　　　B. 良好的服务

    C. 卫生、清洁　　　　　D. 价值

3. 麦当劳良好的服务是什么？ （ ）

    A. 标准地露八颗牙齿的微笑

    B. 排队不会超过两分钟

    C. 为儿童顾客举办生日聚会

    D. 以上三项都正确

4—6题

4. 可口可乐为什么无处不在？ （ ）

    A. 它是人们都喜欢喝的饮料。

    B. 它让人人都买得起。

    C. 它为人们随时购买提供便利。

    D. 以上三项都正确

5. 为什么说可口可乐货真价实？（   ）

　　A. 具有很强的适应力

　　B. 符合中国人的口味

　　C. 它让人人都买得起

　　D. 为人们随时购买提供便利

6. 为什么说可口可乐随处可买？   （   ）

　　A. 每瓶可乐的价格与同类商品相比不是很贵

　　B. 可口可乐公司通过各种传媒手段让可口可乐标识频繁露面

　　C. 世界各地的可口可乐罐装厂保证了近200个国家消费者的需求

　　D. 时时提醒人们"买一杯可口可乐，好吗？"

四、根据听到的内容填空。Listen to the recording and fill in the blanks.

> **备忘录**
>
> 公司准备参与政府的＿＿1＿＿招标会。
>
> 李经理：制作＿＿2＿＿。
>
> 　　　　准备详细的产品＿＿3＿＿。
>
> 王秘书：制作幻灯片，最好做到＿＿4＿＿。
>
> 材料完成时间：＿＿5＿＿前。
>
> 　　　　　　　　　　　　　　　2012年6月27日

五、看图说话。Picture descriptions

　　　天华公司正召开公司成立10周年庆典策划方案招标交流会。会议室里，一家公司的负责人在介绍策划方案后，天华公司负责人与他们进行了充分交流。请根据下图会话。

1   2

3   4

六、情景会话。Situational conversation

1. 地点：咖啡厅

人　　物：外贸公司王经理和两个客户（张先生、李小姐）。

会谈目的：王经理通过请客人品尝、利用电脑展示生产过程、市场反映情况等手段向客户介绍公司推出的一种新型饮料，目的是想让他们订购。

任　　务：请三位同学分别扮演王经理、张先生、李小姐，将整个会谈过程表演出来。

2. 地点：公司会议室

人　　物：公司总经理，市场部、研发部和销售部部门经理，新进员工。

事　　项：新进员工培训会。

任　　务：（1）总经理代表公司欢迎新员工，介绍公司经营理念。

（2）市场部、研发部和销售部部门经理分别介绍部门情况。

（3）总经理、部门经理回答新进员工提出的一些问题。

七、讨论。Discussion

1. 你认为优秀的经营理念是什么？
2. 你觉得应该怎样提高工作效率？

读写练习 Reading and writing exercises

一、选词填空。Fill in the blanks with the most proper words.

言过其实	效率	随时随地	参与	采购
融入	诚信	价值	掌握	方案

1. 为使员工尽快_____团队，公司举行了员工培训会。

2. 企业通过新技术提高了生产_____，增强了竞争力。

3. 各大卖场在假期依然照常营业，为假期_____的消费者提供了便利。

4. 不少销售员为了提高销量往往_____，这造成了不好的影响。

5. 这家公司主要向客户提供信息产业的业务和技术解决_____。

6. 学校要采购一批办公用品，_____200万。

7. 这家公司每年都举行培训班，使一线员工尽快_____各种技能。

8. 很多公司表示将积极_____此次投标。

9. 安装了GPS，_____都可以知道车在哪里。

10. 我们公司经营理念的第一条就是_____，这关系到公司的声誉。

二、填入合适的词语组成短语。Fill in proper words to form phrases.

1. 参与　　　　　（　　）、　　　　（　　　）
2. 采购　　　　　（　　）、　　　　（　　　）
3. 展示　　　　　（　　）、　　　　（　　　）
4. （　　）、　　　　（　　）　　　　　效率
5. （　　）、　　　　（　　）　　　　　价值
6. 提高　　　　　（　　）、　　　　（　　　）

三、选择正确答案。Choose the correct answers.

1. _____大家都来了，我们_____正式开始吧。　　　　　　　　　（　　）

    A. 因为……所以……　　　　B. 虽然……但是……

    C. 既然……就……　　　　　D. 不仅……而且……

2. 我们首先考虑的是客户，重点就是_____客户满意，让他们成功。（　　）

    A. 让　　　　　　　　　　B. 把

    C. 为　　　　　　　　　　D. 被

3. _____经营管理，企业的生存和发展_____将面对更多的问题。 （ ）

    A. 既然……就……　　　　B. 如果……就……

    C. 不仅……而且……　　　　D. 除了……还……

4. 航班延误和取消_____旅客带来了不便。 （ ）

    A. 使　　　　　　　　　　B. 给

    C. 让　　　　　　　　　　D. 为

5. 企业名称_____比企业产品更重要。一个产品不行了可以更换另一个，企业名称的更改就不那么随便了。 （ ）

    A. 常常　　　　　　　　　B. 一般

    C. 往往　　　　　　　　　D. 可能

6. 公司将_____客户提供优质的服务。 （ ）

    A. 为　　　　　　　　　　B. 为了

    C. 以　　　　　　　　　　D. 因为

四、用所给词语完成句子。Complete the sentences with the given words.

1. _____，你就不用开夜车了。 （既然）

2. 这家公司产品质量可靠，又非常讲诚信，_____。 （的确）

3. 我带了笔记本电脑，_____。 （随时随地）

4. 他是我们公司的业务员，_____。 （采购）

5. 老板对员工的要求除了能干、诚实外，_____。 （还）

6. 由于采用了电脑操作，_____。 （效率）

7. _____，希望买得放心、买得舒服。（对……来说）

8. 希望你们都能_____。 （参与）

五、写作。Writing

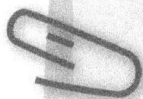

你公司拟派刘华、张强二位同志前往上海天天公司联系购货事宜，请你帮公司写一封介绍信。

介绍信是介绍本单位人员到外单位参观学习、联系工作、了解情况或出席某种会议等所写的一种书信。介绍信的篇章结构除标题和落款外，简单介绍被介绍人的姓名、身份、职务等信息，以及接洽事项和要求。最后写上"此致、敬礼"等表示祝愿和敬意的话。

介绍信参考例文

介绍信

××公司××同志：

今介绍我所副研究员、高级工程师高海、赵伟二位同志前往贵公司洽谈有关合作的具体事宜，请予接待。

此致

敬礼！

××技术研究所（公章）

××××年×月×日

副课文
Further reading

TCL的"鹰文化"

TCL集团成功的原因很多，包括市场战略、产品生产、人才储备、企业文化等等。这一切构成了TCL的"鹰文化"。

1992年研制生产的TCL王牌大屏幕彩电，投放市场后一炮走红。在这个过程中，TCL是主动出击的。从当时的环境来看，彩电市场竞争也很激烈，例如创维、康佳、长虹等都已羽翼丰满。TCL面对如此局面并没有退缩，而是知难而上。当以长虹为首的"大老虎"惊醒时，TCL已经杀入了彩电三强。

这种不怕困难的精神，就是"鹰文化"的一个特征。在自然界，一窝小鹰的存活率很低，这与老鹰的喂食习惯有关。老鹰一次孵出四五只小鹰，而猎捕回来的食物一次只能喂食一只小鹰。老鹰的喂食方式是哪一只小鹰抢得凶就给哪一只吃。在这种情况下，瘦弱的小鹰吃不到食物就饿死了，抢得最凶的小鹰就存活下来了。如此代代相传，鹰一族才越来越强。

这个故事告诉人们，市场这个"鹰妈妈"不会有那么多的慈爱，它

不会喂饱了老大，再喂老二……最后喂老小。

　　每个企业要想生存下去，就必须像鹰一样，要有勇猛的精神，否则将会在竞争中遭到淘汰。当我们明白了"鹰文化"中的勇猛精神之后，也就不会对近年来TCL的快速发展感到吃惊了。

生　词　New words

序号	简体	繁体	拼音	词性	英文释义
1.	储备	儲備	chǔbèi	v./n.	to reserve/store for future use
2.	构成	構成	gòuchéng	v.	constitute
3.	鹰	鷹	yīng	n.	eagle
4.	研制	研製	yánzhì	v.	research and develop
5.	投放	投放	tóufàng	v.	put in
6.	一炮走红	一炮走紅	yīpào-zǒuhóng	idiom.	become an instant hit
7.	出击	出擊	chūjī	v.	start off for attack
8.	羽翼丰满	羽翼豐滿	yǔyì-fēngmǎn	idiom.	become full-fledged
9.	局面	局面	júmiàn	n.	situation
10.	退缩	退縮	tuìsuō	v.	shrink back
11.	知难而上	知難而上	zhīnán'érshàng	idiom.	bravely face the challenge
12.	特征	特徵	tèzhēng	n.	characteristic
13.	窝	窩	wō	mw.	nest
14.	存活率	存活率	cúnhuólù	n.	survival rate
15.	喂食	喂食	wèishí	v.	feed
16.	孵	孵	fū	v.	hatch
17.	猎捕	獵捕	liè bǔ	v.	hunt
18.	抢	搶	qiǎng	v.	rob

序号	简体	繁体	拼音	词性	英文释义
19.	凶	凶	xiōng	*adj.*	ferocious
20.	瘦弱	瘦弱	shòuruò	*adj.*	thin
21.	如此	如此	rúcǐ	*pron.*	so, such
22.	代代相传	代代相傳	dàidài-xiāngchuán	*idiom.*	hand down from generation to generation

专有名词 Proper noun

序号	简体	繁体	拼音	英文释义
1.	长虹	長虹	Chánghóng	Changhong (one of China's brands for household appliances)

练习 Exercises

一、根据课文内容判断正误。True or false

1. TCL的成功在于形成了"鹰文化"。　　　　　　　　　　　　（　　）
2. 1992年TCL生产出了王牌大屏幕彩电，在市场竞争中失败了。（　　）
3. 1992年彩电市场的三强是创维、康佳、长虹。　　　　　　　（　　）
4. "鹰文化"的一个特征就是不怕困难。　　　　　　　　　　　（　　）
5. 鹰妈妈很慈爱，它先喂饱了老大，再喂老二……最后喂老小。（　　）
6. 因为有勇猛的精神，所以近年来TCL得到了快速的发展。　　（　　）

二、词语连线。Match the words.

1. 投放　　　　　a. 鲜明
2. 研制　　　　　b. 淘汰
3. 遭到　　　　　c. 人才
4. 构成　　　　　d. 市场
5. 储备　　　　　e. 新产品
6. 特征　　　　　f. "鹰文化"

三、选词填空。Fill in the blanks with the most proper words.

| 储备 | 一炮走红 | 知难而上 | 例如 | 局面 |
| 如此 | 投放 | 特征 | 研制 | 退缩 |

1. 浓郁（nóngyù; rich, strong）的奶香、素雅简洁的包装，让大白兔奶糖在国内市场上_____。

2. 困难再多也不能_____。

3. 日本外汇_____9月升至历史最高水平。

4. 东风雪铁龙C5汽车将正式_____市场。

5. 他取得成功的原因是遇到困难能够_____。

6. 大众汽车坚持技术创新，努力_____先进汽车产品。

7. 这款手机深受消费者欢迎，改变了亏损（kuīsǔn; have a loss）的_____。

8. 中国面临很多问题，_____地区发展不平衡、收入差距加大等问题。

9. 中国发生了_____巨大的变化，这与改革开放政策有着很大的关系。

10. 房地产市场具有典型的季节性_____。

四、讨论。Discussion

1. 你觉得TCL的"鹰文化"怎么样？如果你以后创建了自己的公司，你会采用这种文化吗？

2. 请介绍一种你最感兴趣的企业文化，并简单说明理由。

第五单元　市场营销

第十课　海尔服务美名传

核心句 **Key sentences**

- 你好! 请问是海尔社区服务站吗?

  Hello, is that the Service Center of Haier Group?

- 请问您有什么需要帮助的?

  What can I do for you please?

- 我家两台海尔挂式空调现在制冷效果不太好, 还漏水。今天下午能上门服务吗?

  The cooling performance of my two Haier air-conditioners is not good. Can you provide door-to-door service this afternoon?

- 那我还是下次再来吧, 别耽误了您的工作。

  I would come next time so as not to affect your work.

- 真不错, 焕然一新了。太感谢您了!

  It's really nice. It is now brand new. Thank you so much.

海尔服务美名传

文女士：喂，你好！请问是海尔社区服务站吗？

客　服：是的，请问您有什么需要帮助的？

文女士：我家两台海尔挂式空调现在制冷效果不太好，还漏水。今天下午能上门服务吗？

客　服：没问题，请告诉我您的地址和联系电话。

文女士：我家在重庆市城市花园5号楼501室，电话号码是13023890909。三点左右可以来吗？

客　服：好的，没问题，到时候维修员会给您打电话的。

（下午三点十分，文女士家的门铃响了。）

维修员：您好，我是海尔公司的维修人员，这是我的工作证。

文女士：这么快啊！请进！请进！

（这时电话响了，是公司的电话。文女士接完电话后，面露难色。）

文女士：哎呀，实在对不起，我有急事要马上回公司，您看怎么办呢？

维修员：那我还是下次再来吧，别耽误了您的工作。

（维修员二话没说，面带微笑收拾工具退了出去。一周后，维修员再次上门。）

文女士：师傅，上次真对不起。

维修员：没关系。

（这时，维修员刚把空调部件打开，门铃就响了，原来是好友带着一家人来作客。）

维修员：打扰不打扰您？要不要我下次再来？

文女士：没关系，已经很麻烦您了。

（维修人员对空调进行检查后。）

维修员：文女士，空调需要清洁了，里面有污垢。空调一般一年清洗两三次，去超市买瓶空调清洗剂就可以。经常清洗空调可以保持室内空气的卫生洁净，还可延长空调的使用寿命。如果空调在使用一年后没有清洗，工作电流就要比干净的空调高出10%左右。

文女士：原来如此，我以前从来没有清洗过。

（二十分钟后）

维修员：两台空调都给您维护了一遍，管道也修好了。请您验收。

文女士：真不错，焕然一新了。太感谢您了！

维修员：您别客气，让顾客满意就是海尔的服务标准。

课前预习　Preview

根据课文内容选择正确答案。Choose the correct answers according to the text.

1. 文女士家的空调怎么了？　　　　　　　　　　　　　　　（　　）

    A. 不能制热　　　　　　　　　　B. 制冷效果不好

    C. 需要保养　　　　　　　　　　D. 需要更新

2. 维修员到客户家里应该带什么？　　　　　　　　　　　　（　　）

    A. 身份证　　　　B. 工作证　　　　C. 资格证　　　D. 会员证

3. 维修员第一次要离开文女士家的原因是什么？　　　　　　（　　）

    A. 女士家来了客人　　　　　　　B. 维修员忘了带工具

    C. 有人找文女士　　　　　　　　D. 文女士要去工作

4. 维修员第二次到文女士家是在什么时候？　　　　　　　　（　　）

    A. 十分钟之外　　　B. 一周之后　　C. 第二天　　　D. 一个月后

5. 文女士觉得这次服务怎么样？　　　　　　　　　　　　　（　　）

    A. 很好　　　　　　B. 还行　　　　C. 不错　　　　D. 一般

生词　New words

序号	简体	繁体	拼音	词性	英文释义
1.	传	傳	chuán	v.	pass
2.	社区	社區	shèqū	n.	community
3.	制冷	製冷	zhìlěng	v.	refrigerate
4.	维修	維修	wéixiū	v.	maintain
5.	面露难色	面露難色	miànlù nánsè	idiom.	appear to be in trouble

序号	简体	繁体	拼音	词性	英文释义
6.	实在	實在	shízài	*adv.*	really
7.	耽误	耽誤	dānwu	*v.*	delay
8.	收拾	收拾	shōushi	*v.*	put in order
9.	登门	登門	dēngmén	*v.*	visit
10.	部件	部件	bùjiàn	*n.*	component parts
11.	打扰	打擾	dǎrǎo	*v.*	bother
12.	清洁	清潔	qīngjié	*v.*	clean
13.	污垢	污垢	wūgòu	*n.*	dirt
14.	清洗剂	清洗劑	qīngxǐjì	*n.*	cleaning agent
15.	保持	保持	bǎochí	*v.*	keep
16.	洁净	潔净	jiéjìng	*adj.*	clean
17.	延长	延長	yáncháng	*v.*	prolong
18.	寿命	壽命	shòumìng	*n.*	life
19.	电流	電流	diànliú	*n.*	electric current
20.	管道	管道	guǎndào	*n.*	pipe
21.	验收	驗收	yànshōu	*v.*	check and accept
22.	焕然一新	焕然一新	huànrán-yīxīn	*idiom.*	take a totally new look

语言点 **Language points**

1

刚……
就……

原文：这时，维修员刚把空调部件打开，门铃就响了。

用法：表示行动或情况发生在不久以前。"刚……就……"表示两个动作之间时间间隔短。

（1）他刚下班回来，就去做饭了。

（2）他大学刚毕业，就来到了这家大公司。

（3）这个项目刚完成，下一个项目就又开始了。

2

比……高出……

原文： 如果空调在使用一年后没有清洗，工作电流就要比干净的空调高出10%左右。

用法： 表示比较。"出"表示"超过"、"超出"，后面多接数字。

（1）不少毕业生的预期收入比实际收入高出50-100%。

（2）由于香港生产的手表各种成本比较高，因此价格比内地产的手表要高出20%到30%。

（3）去年原油全年平均价格为每桶28.10美元，比2002年高出3.74美元。

3

原来如此

原文： 原来如此，我以前从来没有清洗过。

用法： 副词。表示发现了真实的情况。"如此"是"这样"的意思。

（1）A：昨天没看到你啊。

B：老板派我去接待客人了。

A：原来如此啊，还以为你偷懒了呢。

（2）A：你怎么辞职了？

B：公司受金融危机影响，我们部门业务大大缩水了。

A：原来如此啊。

（3）A：项目怎么没谈成？

B：对方价格压得太低了。

A：原来如此。

即学即用 **Language in use**

1 请用"刚……就……"完成句子。Complete the sentences with "刚……就……".

（1）_____，就有人来找你了。

（2）我刚写完报告，_____。

（3）他_____，电话就响了。

2 请用"比……高出……"改写句子。Rewrite the sentences with "比……高出……".

（1）该地区劳动力的平均年薪为6.24万美元，全美平均年薪只有3.9万美元。

_____

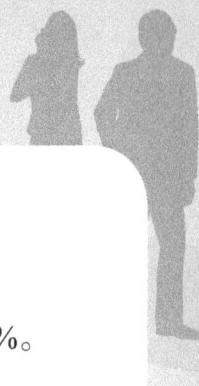

（2）23日的入境旅客人数高达5.1万人次，是平日的人流量的两倍。

_____

（3）欧洲番茄原料价格高，劳动力贵，番茄制品的生产成本高出中国30%至40%。

_____

3. 请根据"原来如此"完成下列对话。Complete the conversations according to "原来如此".

（1）A：你们公司最近发展很快啊。

　　　B：哪里，_____。

　　　A：原来如此。

（2）A：你怎么进这家大公司的？

　　　B：_____。

　　　A：原来如此。

（3）A：听说小李又升职了。

　　　B：_____。

　　　A：原来如此。

综合练习　Integrated exercises

听说练习　Listening and speaking exercises

一、根据听到的句子和它的三个应答，选择最恰当的应答。Choose the most proper responses according to the sentences and the three responses you hear.

1. （　　）　　　A.　　　　　B.　　　　　C.

2. （　　）　　　A.　　　　　B.　　　　　C.

3. （　　）　　　A.　　　　　B.　　　　　C.

4. （　　）　　　A.　　　　　B.　　　　　C.

5. （　　）　　　A.　　　　　B.　　　　　C.

6. （　　）　　　A.　　　　　B.　　　　　C.

二、根据听到的对话，选择最恰当的答案。Choose the most proper answers according to the conversations you hear.

1. 女的想做什么？ （　　）

　　A. 买一件外套　　　　　　　　　B. 换一件小一号的外套

　　C. 买一件衬衫　　　　　　　　　D. 换一件大一号的外套

2. 电视机出了什么问题？ （　　）

　　A. 屏幕不亮　　　B. 图像不清楚　　　C. 没有图像　　　D. 声音不清楚

3. 经理让小李做什么？ （　　）

　　A. 参加会议　　　B. 准备资料　　　C. 安排会议　　　D. 打印报告

4. 男的是什么意思？ （　　）

　　A. 预订商务套房　　　　　　　　B. 明天晚上入住

　　C. 预订标准间　　　　　　　　　D. 不在格林酒店预订了

5. 办公室的空调怎么了？ （　　）

　　A. 没开　　　B. 正在维修　　　C. 太冷　　　D. 有问题了

6. 男的认为电脑怎么了？ （　　）

　　A. 正在工作　　　B. 只是小问题　　　C. 没有问题　　　D. 有大毛病了

三、根据听到的两段话，选择正确答案。Choose the correct answers according to the two paragraphs you hear.

1—3题

1. 关于说话人的电脑，哪一项不正确？ （　　）

　　A. 开机速度很慢　　　　　　　　B. 经常自动关机

　　C. 过了保修期　　　　　　　　　D. 关机速度很慢

2. 说话人打电话的目的是什么？ （　　）

　　A. 换一台新电脑　　　　　　　　B. 想买一台新电脑

　　C. 想卖掉这台电脑　　　　　　　D. 咨询修理电脑的事情

3. 说话人想了解什么？ （　　）

　　A. 电脑是否需要修理

　　B. 电脑是否修得好

    C．修电脑需要多少钱、多长时间

    D．是谁给他修电脑

4—6题

4．在产品保修期内上门维修收费吗？   （   ）

    A．不收费   B．只收材料费   C．看情况   D．收10元钱

5．用户如果报修后，什么时候可以得到服务？   （   ）

    A．十个工作日内   B．一个工作日内

    C．五个工作日内   D．七个工作日内

6．用户可以通过什么方式咨询有关技术问题？   （   ）

    A．打售后电话   B．寄信   C．发传真   D．发E-mail

四、根据听到的内容填空。Listen to the recording and fill in the blanks.

___1___ 卡——只适用于中国大陆地区（不包含港、澳、台地区）
产品型号：   2
___3___：   A0768463
收据编号：   4
销售日期：   5
经销商（印章）

五、看图说话。Picture descriptions

刘女士打电话给洗衣机维修点，要求上门维修。请根据下图会话。

1

2

3　　　　　　　　　4

六、情景会话。Situational conversations

1. 假如你的汽车需要维修保养，请你给特约维修公司打一个电话做个预约。

2. 假如你是一个家电维修工，跟一个客户约好了上门服务的时间，但是去了两次他家要么没人，要么小孩子在睡觉不方便，你会怎么办？

七、讨论。Discussion

你购买的家电有了问题，你首先会怎么办？如果售后维修点不给你维修，你会怎么办？

读写练习 Reading and writing exercises

一、选词填空。Fill in the blanks with the most proper words.

焕然一新	耽误	验收	维护	登门
面露难色	满意	保持	收拾	维修

1. 公司只有_____消费者的权益，才能长久发展。

2. 这台打印机经常卡纸，你去打个电话请人来_____。

3. 空调要经常维护，特别是_____清洁。

4. 办公室经过重新装修以后，变得_____了。

5. 因为天气原因，我们在路上_____了很长时间。

6. 他今天特意_____道歉。

7. 会议结束后，大家都自觉地留下来_____现场。

8. 听到要马上赶到客户家去维修，他虽然_____，但还是马上答应了。

9. 任务完成之后，还要请专家来进行_____。

10. 你们的售后服务非常周到，我们一家都很_____。

二、填入合适的词语组成短语。Fill in proper words to form phrases.

1. 耽误　　　（　　）、　　（　　　）

2. 登门　　　（　　）、　　（　　　）

3. 收拾　　　（　　）、　　（　　　）

4. 一套　　　（　　）、　　（　　　）

5. （　　）、　　（　　）　　　标准

6. 进行　　　（　　）、　　（　　　）

7. 维修　　　（　　）、　　（　　　）

8. 维护　　　（　　）、　　（　　　）

三、选择合适的词语填空。Fill in the blanks with the most proper words.

| 进行 | 刚 | 原来 | 然而 | 既然……就 | 因为……所以 |

1. 他没来参加晚会，_____是出差了。

2. 公司采取了措施，_____没有效果。

3. 维修工对洗衣机_____了彻底维修。

4. 昨天_____修好的电脑，今天又坏了。

5. _____接到一个紧急电话，_____文女士感到很为难。

6. _____你今天没时间，我_____明天再来吧。

四、用所给词语完成句子。Complete the sentences with the given words.

1. _____，所以你这次的维修是免费的。（因为）

2. 昨天加班到十二点，今天一早又要上班，_____。（实在）

3. 下班时间刚到，他_____。（就）

4. 公司这个季度的销售额_____。（比）

5. 他是个很守时的人，＿＿＿＿＿＿＿＿＿＿＿＿＿＿。（从来）

6. 我今天没有见到他，＿＿＿＿＿＿＿＿＿＿＿＿＿＿。（原来）

7. 这里的商店营业时间＿＿＿＿＿＿＿＿＿＿＿＿＿＿。（一般）

8. 这次谈判非常重要，＿＿＿＿＿＿＿＿＿＿＿＿＿＿。（还是）

五、写作。Writing

你公司开业典礼第二天举行，照明和空调设备出现了故障，维修人员冒着酷暑登门维修，并且在一天时间内将所有设备维修完毕。请你代表公司写一封感谢信。

感谢信是得到某人或某单位的帮助、支持或关心后答谢别人的书信。感谢信的结构一般由标题、称谓、正文、落款四部分构成。正文主要包括感谢理由、表达谢意、祝愿、再次表示诚挚的感谢。

感谢信参考例文：

感谢信

雅堂公司：

首先让我们向您致以衷心的感谢！

日前，我们"中美贸易和投资洽谈会"青岛分团正着急为美国之行选带礼品时，是您伸出了友谊的手。雅堂公司的姑娘们昼夜加班，赶制出了一份丰厚独特的礼品，使我们深深感到，雅堂公司的花边美，礼品更美；雅堂公司的姑娘们手巧，心灵更美。

让我们再次感谢总经理和雅堂公司姑娘们的支持和诚挚友情！

此致

敬礼

"中美贸易和投资洽谈会"青岛分团

2012年7月2日

海尔员工不肯迟到一秒

青岛市有一名姓姜的出租车司机，他的妻子是海尔公司的员工。有一次，他看到妻子拿回一本小册子，上面记录着企业为员工办的好事，心想，真有那样的好事吗？

有一天，他家的屋顶漏水，就准备找个维修队修理一下。妻子说找厂里排忧解难小组就行了。他便抱着试试看的想法打了个电话。他没想到，第二天上午就来了人，很快就把屋顶修好了，而且只收了点材料费。

姜师傅对此深有感触，便写了一篇文章投到《海尔人》报上。他说："海尔凭着对顾客的厚爱赢得了市场。企业为员工解除后顾之忧，使员工能全身心地投入到工作中。通过这件事，我真正理解了妻子上班不肯迟到一秒钟的原因。"

海尔总裁张瑞敏看了这篇文章后，说："这篇小文章很感人，值得一读。它给了我们一个启示：想要员工心里有你的企业，你的心里就要有员工。要让员工爱企业，企业就首先要爱员工。因此，我们要进一步完善排忧解难的措施，并持之以恒。如果每一个海尔人都愿意把自己的爱奉献给海尔，那么还有什么力量能阻挡我们前进的步伐呢？"

凝聚力是一个企业发展的强大动力。企业利用文化的作用，规范每个组织成员的行为，使每一个成员融入到这个大家庭中。

生词 New words

序号	简体	繁体	拼音	词性	英文释义
1.	册子	册子	cèzi	n.	brochure

序号	简体	繁体	拼音	词性	英文释义
2.	排忧解难	排憂解難	páiyōu-jiěnán	*idiom.*	exclude the difficulty and anxiety
3.	深有感触	深有感觸	shēnyǒu gǎnchù	*idiom.*	be deeply touched
4.	投	投	tóu	*v.*	put in
5.	厚爱	厚愛	hòu'ài	*v.*	greatly love
6.	解除	解除	jiěchú	*v.*	remove
7.	后顾之忧	後顧之憂	hòugù zhīyōu	*idiom.*	troubles back at home
8.	持之以恒	持之以恒	chízhī yǐhéng	*idiom.*	to persevere in
9.	奉献	奉獻	fèngxiàn	*v.*	devote
10.	凝聚力	凝聚力	níngjùlì	*n.*	cohesion

练 习　Exercises

一、根据课文内容回答下列问题。Answer the questions according to the text.

　　1. 姜师傅看了妻子拿回的小册子之后，他的态度怎么样？

　　2. 姜师傅家的屋顶漏水了，是谁帮他修好的？

　　3. 姜师傅的妻子上班不肯迟到一秒钟的原因是什么？

　　4. 海尔总裁张瑞敏觉得姜师傅这篇文章给企业什么样的启示？

　　5. 姜师傅妻子在哪儿工作？

　　6. 企业文化的作用是什么？

二、填入合适的词语组成短语。Fill in proper words to form phrases.

　　1. 漏　　　　（　　）、　　　　（　　）

　　2. 深有　　　（　　）、　　　　（　　）

　　3. 赢得　　　（　　）、　　　　（　　）

　　4. 解除　　　（　　）、　　　　（　　）

　　5. 值得　　　（　　）、　　　　（　　）

　　6. 阅读　　　（　　）、　　　　（　　）

7. 融入　　　　（　　）、　　　（　　）

8. 阻挡　　　　（　　）、　　　（　　）

三、选词填空。Fill in the blanks with the most proper words.

> 后顾之忧　　排忧解难　　投稿　　启示　　解除
> 感人　　　　值得　　　　厚爱　　凝聚力　奉献

1. 通过那次集体活动，员工们的_____得到了增强。

2. 这类产品市场上比较缺乏，很_____开发。

3. 他写了一篇文章，准备向报社_____。

4. 海尔公司一直为员工做实事，非常_____。

5. 汽车企业重视销售和服务质量，消除了消费者的_____。

6. 这款相机功能强大，价格合理，赢得了广大消费者的_____。

7. 公司与员工在平等自愿的基础上_____劳动合同。

8. 许多市民用不同的方式为希望工程_____爱心。

9. 这家物业公司能够为业主们及时_____。

10. 中原公司的发展给我们的_____是，企业要发展，首先要有不满足感。

四、讨论。Discussion

1. 请你谈谈对海尔企业文化的看法。

2. 请你谈谈你们国家知名企业的文化特点。

第一课　开户汇款

综合练习

听说练习

一、根据听到的句子和它的三个应答，选择最恰当的应答。

1. 女：您好，外国人开户需要带什么？
   男：A．先填一张申请表吧。
   　　B．我需要开户。
   　　C．要带护照。

2. 女：那张申请表怎么填？
   男：A．你填写一下申请表就可以。
   　　B．你可以询问一下大厅里的值班人员。
   　　C．申请表的内容太多了。

3. 女：什么是"牡丹卡"？
   男：A．就是现金存取款卡。
   　　B．"牡丹卡"很方便。
   　　C．我喜欢"牡丹卡"。

4. 男：请问，你要汇款到哪儿？
   女：A．可以使用网上银行。
   　　B．韩国。
   　　C．网上银行汇款最方便。

5. 女：这张"牡丹卡"是给谁办的？
   男：A．帮我爸爸办的。
   　　B．爸爸可以到ATM机上存取款。
   　　C．爸爸也觉得很方便。

6. 女：我回去试试，如果有问题怎么办？
   男：A．可能有很多问题。
   　　B．我可以回家试一试。
   　　C．您可以拨打电话95588咨询。

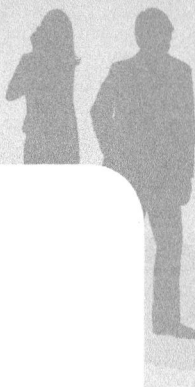

二、根据听到的对话，选择最恰当的答案。

1. 女：今天上午我去中国工商银行开户。
   男：工商银行人太多了，你可以去中国银行。
   女：是吗？那就去中国银行吧。

2. 男：小李，你看到王经理了吗？办公室和会议室里都没找到他。
   女：王经理在营业大厅里与客户聊天。
   男：好的，谢谢。

3. 女：您好，我想汇款到国外，该怎么办理？
   男：您可以使用网上银行，在家里就可以完成。
   女：谢谢，我回去试试。

4. 男：请填写一下这张申请表。
   女：需要填写什么内容？
   男：姓名、住址、联系电话、护照号码和存款金额。

5. 女：先生，请问您要办理个人业务吗？
   男：是的，我要取款。
   女：好的，给您号码。取款不用填申请表。请您到这边来等候。

6. 男：您的密码输入有误。
   女：对不起，我输成另一张存折的密码了。我再输一次。
   男：好的，没问题。

三、根据听到的两段话，选择正确答案。

第1题至第3题是根据下面一段话：

　　有专家告诉记者，选择汇款方式，决定因素一般有三个：汇款的手续费、到账时间和取款网点。

　　收费相差较多的是异地跨行的汇款业务。比如从上海往四川某地汇款，中行、农行、工行等的收费比例是汇款额的1%，最低1元，最高50元；但深圳发展银行的最高金额则是200元，相差150元。

　　除了收费的高低，汇款到账的时间也是人们关注的因素。记者了解到，异地同行汇款业务，所有银行报出的"时限"都是24小时之内到账。记者还发现，不少银行的跨行异地转账，比同行异地转账收取的费用要低。不过，同行异地转账虽然费用贵一些，但可以节省时间，一般都会即时到账，最迟在次日就可到账；而跨行转账的到账时间却要晚一些，有的银行表示次日可以到账，有的银行表示3至5天才可以到账。

第4题至第6题是根据下面一段话：

　　记者在上海一家银行了解到，银行已不再办理6张卡的套餐。现在每名大学生最多只可以办理两张卡，并被告知："你们现在大四了，过了今年12月，大四的学生就不能办卡了。"

　　信用卡可以让大学生在应聘工作时，给单位提供良好的信用报告。按期还款可以给诚信加分；但如果欠款、超期不还款的话，会影响日后的贷款。

据调查，上海各商业银行的大学生信用卡发卡量已达17万张。在大学校园里，已使用银行信用卡的大学生比例达25.6%，大约平均每4个大学生就有1人持有信用卡。

但令人担忧的是，部分大学生使用信用卡透支消费后无力还款。曾有报道称，有一名在上海上学的外地籍大学生，毕业时留下了2000余元信用卡欠款，不知去向，银行最终走上司法程序，催其还款。

四、根据听到的内容填空。

营业员：请问您要办理什么业务？

汤　姆：你好，我想汇款。

营业员：好的。请您先填写这张表格。

汤　姆：哦，对不起，我看不懂表格。您能不能帮我填一下？

营业员：好的。请先在"客户填写"部分写上你的姓名、汇款方式和汇款金额。

汤　姆：金额是大写还是小写？

营业员：小写。请选择"汇款种类"。请注意，最后的"分"一格中也要填写"0"。

汤　姆：我选"按址汇款"。

营业员：好的，请在"按址汇款"前打勾，并填上收款人地址和邮编。您还可以选择您需要的附加服务。

汤　姆：我选"短信回音"，这是我的手机号码。

营业员：好的。请在最下面一栏填上您的地址、电话、邮编、姓名、证件种类和号码。

汤　姆：好的。谢谢。

第二课　按揭买房

综合练习

听说练习

一、根据听到的句子和它的三个应答，选择最恰当的应答。

1. 女：您购买个人住房还是商业用房？
   男：A. 这套房子非常好。
   　　B. 个人住房。
   　　C. 我们有不少好房源。

2. 男：您在这家公司工作几年了？
   女：A. 我上午8点工作。
   　　B. 这家公司工作时间为8小时。
   　　C. 已经7年了。

3. 男：商业贷款的年利率是多少？
   女：A. 6.12%。
   　　B. 贷款期限是30年。
   　　C. 需要首付30%。

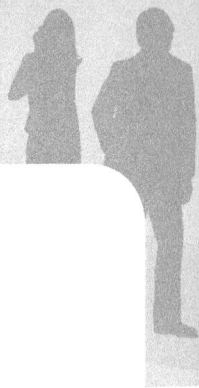

4. 女：您打算贷多长时间？
   男：A. 贷款84万元。
      B. 首付36万元。
      C. 20年。

5. 男：请问有哪些还款方式？
   女：A. 可以提前还款。
      B. 有等额本金和等额本息两种方式。
      C. 等额本金还款比较合算。

6. 男：什么时候可以提前还贷？
   女：A. 还款6个月以上。
      B. 提前还款要收取违约金。
      C. 你可以到银行来办理。

二、根据听到的对话，选择最恰当的答案。

1. 男：我前天签订了临时买卖合同，想申请房贷。
   女：好的，我先给您介绍一下我们银行的房贷情况。
   男：谢谢。

2. 男：这套房子怎么样？
   女：不错，就是价格高了点儿。
   男：价格不高，已经降了三万了。

3. 女：请问，新城区有90平米左右的房源吗？
   男：有。请坐，我给你查一下。
   女：谢谢，最好是2000年以后的。

4. 男：现在住的房子，离单位太远了。
   女：你可以贷款买辆车。
   男：是啊，现在有房子了，家电之类的也都有了。

5. 男：我想买套房子，现在的贷款利率是多少？
   女：商业贷款利率是5.94%，比去年低了0.18%。
   男：太好了。

6. 男：这套房子120.8平方米，总价180万元，太贵了。
   女：这套是100平方米左右，非常适合您。
   男：我想要90平方米左右的。

三、根据听到的两段话，选择正确答案。

第1题至第3题是根据下面一段话：
   王先生的朋友不久前贷款买了一辆车，24个月分期付款，这引起了王先生的兴趣："我正愁自己的钱不够买一辆好车，如果可以分期付款，我会选择一款档次更高一点的车。"

王先生想买的车在12万元左右，如果选择一年期分期还款，王先生前期只需要一次性付4万元左右的首付，剩下的8万元钱可以分12个月进行还款，每个月还款金额在6600元左右。如果选择两年还款，则每个月的还款金额只需要3000多元。

据介绍，办理分期无息贷款购车很简单。客户先在4S店看好车型、讲好价格，然后到银行提出分期无息贷款申请并准备好资料。银行审批通过后会第一时间通知4S店和客户，客户付完首付后就可以把车开回家。

现在很多银行，如建设银行、工商银行、招商银行等，都推出了这种购车无息贷款业务。分期付款购车已经成为不少人喜欢的生活方式。

第4题至第6题是根据下面一段话：

对我这样一个工作时间不长的工薪族来说，买房的选择空间并不是很大。我在一家小公司工作，仅靠务工获取薪金收入，每月4000元。现在只有十几万元当做首付款，仅仅够买套80平方米左右的房子。于是，我把自己选择的条件确定如下：首先，房屋总价在六七十万元的两居室，最多不能超过80万，首付款不能超过房屋总价的20%；其次，房屋的位置应该在地铁沿线，因为买房后再也无力买车了，所以交通一定要方便；另外，房子一定要朝阳。

目标明确以后，我先上网找到比较适合我的房子，然后去考察，但发现很多房子不合适。有的环境不好，有的价格太高，有的格局不好。考察了几天，却没有看到一处自己满意的房子，我的购房计划只好暂停。

四、根据听到的内容填空。

老　王：老张，好久不见了。快来看看我新买的车！

老　张：啊，你竟然买车了！发财了吧？

老　王：哈哈，没有，车是贷款买的。现在车和房都那么贵，光靠工资怎么能买得起？

老　张：贷款是不是很复杂？

老　王：不复杂，只要根据银行的要求做就行。

老　张：我也想买车，你能不能详细地给我讲讲？

老　王：好啊。贷款买车要首付车款的30%，剩余的部分一到三年还清，每个月还一点儿，但是要收取一定的利息。

老　张：需要哪些材料？

老　王：需要夫妻双方的身份证、收入证明和居住证，然后再办理抵押。

老　张：抵押什么呢？

老　王：我抵押了房产证，最后跟银行签订贷款合同。还有些细节，你可以直接从银行网站上查询。

老　张：很方便啊！

老　王：是啊，祝你早日拥有自己的车。

老　张：谢谢。

第三课 租金可以再便宜一点儿吗?

综合练习

听说练习

一、根据听到的句子和它的三个应答,选择最恰当的应答。

1. 女:你对房子有什么要求?
   男:A. 我想问一下有没有合适的房子。
   　　B. 这间房子一个月1900元。
   　　C. 在学校附近。

2. 女:你想租什么样的房子?
   男:A. 我想买一间朝南的房子。
   　　B. 一室一厅,最好是新装修的。
   　　C. 这个小区的房子太贵了。

3. 女:这间房子朝向怎么样?
   男:A. 卧室朝北,冬天很冷。
   　　B. 1个客厅、1个卧室、1个卫生间。
   　　C. 租金每月2100元。

4. 男:房租第一次付多少钱?
   女:A. 付三押一,6400块。
   　　B. 星期三付。
   　　C. 去银行付。

5. 女:下午几点去中介公司?
   男:A. 这家中介公司不错。
   　　B. 三点吧。
   　　C. 中介公司介绍了一套房子。

6. 女:我们什么时候签合同?
   男:A. 那就在中介公司吧。
   　　B. 房租已经不算贵了。
   　　C. 后天上午10点吧。

二、根据听到的对话,选择最恰当的答案。

1. 女:我想在公司附近租一套房子。
   男:公司位于市中心,太吵了,而且空气质量也不好。那里租金也比较贵。
   女:嗯,你说得对。那学校附近怎么样?

2. 男：周小姐，您好，请问您的房子租出去了吗？
   女：是的，不过我在开会，说话不太方便，一会儿给你打过去。
   男：好的，给你添麻烦了。

3. 男：我们租什么样的房子？
   女：离单位近就行，可以多睡一会儿。
   男：说得对，房子大小我不是很在乎。不过得是安静一点儿的房子。
   女：我也是。小的也行，当然不贵的话，也可以找个大一点儿的。

4. 男：小姐，您要购房吗？我们这里有各种房源。
   女：我想问一下"盛世豪园"还有房子吗？
   男：小姐，您运气很好，刚好还有一套，是两室一厅的。

5. 男：不好意思，我的房子有人租了。
   女：没关系，我再问问其他人。
   男：这是我朋友的电话，他有房子要出租，你和他联系一下吧。

6. 男：喂，你好！请问，你的房子已经有人租了吗？
   女：什么房子？这是医院。
   男：哦，真对不起！

三、根据听到的两段话，选择正确答案。

第1题至第3题是根据下面一段话：

现有一套住房急售：位于大华路，附近有地铁8号线，对面是易买得大超市，北边有中国工商银行和中国农业银行，南面有医院和药店。

总楼层25层，本房位于12层，总面积147平方米，三室两厅两卫，卧室都朝南，阳光充足。装修较好，热水器、宽带等设施齐全。小区安静，内有广场。

本房欲售260万，如诚心想买，价格可协商。联系电话13579988866，个人房源，不收中介费。

第4题至第6题是根据下面一段话：

近来，毕业生李园正和两名同学找合租房。网上有很多房源信息，但电话打过去，要么说"已经租出去了"，要么就是中介接电话。中介常常带好几拨人一起看房，趁你不注意，房子就被别人抢走了。他们前后看了20多套房，始终没有租到合适的房子。李园认为，如今房源太少的主要原因是很多毕业生都急需租房，而一部分考研生也加入了"租房大军"。

目前城市租房难的主要原因是什么？一项调查显示，75%的人认为许多城市房租大涨，年轻人难以承受；52%的人认为原因是"适合年轻人租住的房源太少"；51%的人认为原因是"毕业生涌入租房市场"。

值得注意的是，48%的人认为，租房难是因为房产中介公司抬高租金价格；还有42%的人认为，租房难的原因是"放弃买房转而租房的人多了"。

四、根据听到的内容填空。

陈　丽：格夫先生，请进。看看您满意这套房子吗？
格　夫：好的。

陈　丽：这是两间卧室，都在南面，阳光很充足。北面是厨房和卫生间，厨房在卫生间的西面。设施很齐全，有电视机、空调、热水器、洗衣机、燃气灶和冰箱。房子刚装修过，很干净。

格　夫：还不错，就是楼层有点儿高。

陈　丽：这座楼一共20层，这套房子在第17层，楼层比较好，很安静。这套房子离您上班的地方也很近。

格　夫：租金是多少？

陈　丽：一个月3500元。

格　夫：价格太贵了，能不能便宜一点儿，3200元吧？

陈　丽：这套房子的地理位置很好，设施也很齐全，不能再便宜了。

格　夫：那好吧，我也不想再麻烦了，就租这套房子吧。

第四课　召开业主大会

综合练习

听说练习

一、根据听到的句子和它的三个应答，选择最恰当的应答。

1. 女：明天在哪儿召开业主大会？
   男：A. 业主委员会主任家。
   　　B. 小区物业会议室。
   　　C. 小区业主家里。

2. 女：请各位业主提出意见。
   男：A. 物业应该及时维修损坏的设备。
   　　B. 你们提的意见都很好。
   　　C. 我们会认真对待这些意见。

3. 女：业主的提议什么时候批下来？
   男：A. 业主有三个提议。
   　　B. 已经批下来了。
   　　C. 我们会认真对待。

4. 男：新健身设备要什么时候安装好？
   女：A. 下星期来安装。
   　　B. 五月中旬。
   　　C. 两个星期。

5. 女：小区哪里的地砖已经破裂？
   男：A. 10号楼前。
   　　B. 10号楼东侧。
   　　C. 11号楼东侧。

6. 女：昨天小区召开的业主大会怎么样？
　　男：A．在物业公司召开。
　　　　B．开得很成功。
　　　　C．业主代表参加。

二、根据听到的对话，选择最恰当的答案。

1. 女：本来打算和你一起去物业开会，真不巧，下午公司有个重要的会要开。
　　男：能不能改到明天？
　　女：日子是上个月就定好的，总不能说不开就不开吧。

2. 男：今天请各位楼长来，是想讨论一下粉刷楼梯及收费的事。
　　女：我觉得这是好事，每家每户平均收费，从物业管理费中出就可以。
　　男：我也这样想。不过，还是要征求每位业主的意见。这样吧，请各位楼长先向每位业主发放通知。

3. 男：小区草地太脏了。
　　女：谁说不是呢？小区养狗的人太多了，都打扫不过来。
　　男：我觉得小区居委会应该管一管了。

4. 男：听说我们小区换物业公司了。
　　女：早该换了，一点儿服务意识都没有，就知道让人交钱。
　　男：是啊。不过，谁知道新的物业公司会怎么样呢？

5. 男：近几年上海的房价是涨得越来越快啊！
　　女：是啊，上海是全国的经济中心，吸引了大量的投资者和劳动者，住房需求越来越大。
　　男：还有一个原因是上海有高收入的群体，他们的购买力比较强。

6. 男：上个月我刚买了套房子，交了首付。
　　女：你现在也是有房一族了，不用整天为没有自己的房子发愁了。
　　男：不过，以后就成为真真正正的房奴了！

三、根据听到的两段话，选择正确答案。

第1题至第3题是根据下面一段话：

　　春节前，花园小区召开了一次业主大会，邀请了物业管理委员会主任、居委会主任、业主代表、治安人员和各楼楼长等参加，主要讨论春节期间在小区内实行文明燃放烟花爆竹的提议。

　　在讨论中，有的业主对这一提议表示认可，认为小区业主应该在指定地点和时间燃放烟花爆竹，不得在楼前和晚上11点到第二天清晨8点之间燃放，最好购买环保的烟花爆竹，这样才安全。有的业主反对，认为过年燃放烟花爆竹是中国的传统习俗，这是个人自愿行为，加以限定是不合常理的。

　　后来在业主们激烈的讨论中，反对者也认为文明燃放主要是从安全角度考虑，是为广大居民的安全着想。因此，他们最后还是接受了这一提议。

第4题至第6题是根据下面一段话：

　　市民任先生几年来一直想买车，但是小区内部的停车位非常紧张，他购车的计划一再延迟。"先等

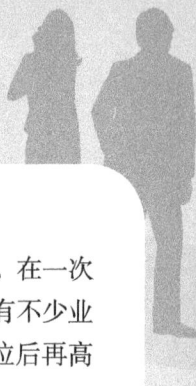

等看吧，说不定有让出车位的住户，到时再买也不迟。"任先生说。

由于小区没有地下停车位，车位都是占用共有道路建设的，所以车位费由物业统一收取。在一次与物业人员的交谈中，任先生才知道，小区里的车位并不是他想象的那样是一家一个。因为有不少业主占用车位早，一户占多个车位的现象很普遍，甚至有一家占了8个车位。部分业主多占车位后再高价转让，让本来就紧张的车位更加紧张。

有类似情况的小区不少。一些业主认为，小区物业独占车位管理权，业主对小区内车位情况不知情，无发言权，这样不合理。

四、根据听到的内容填空。

张经理：王先生，您好，我是小区物业公司的张华，欢迎您入住我们的小区。

王先生：谢谢，麻烦你们了。

张经理：关于装修规定，可能您还不太了解，我先向您说明一下。

王先生：好的，您请讲。

张经理：请您注意装修时间，不要打扰其他业主休息。

王先生：好，我一定注意。

张经理：阳台可根据您的需要选择封闭式或开放式。如果阳台或房间漏水，您可以通知我们维修。

王先生：好的，谢谢。

张经理：王先生，物业费每半年交一次，到时我们通知您。

王先生：好的，知道了。

张经理：王先生，我们刚在小区安装了健身设备，还安排了一个活动室，有时间来看看。

王先生：我看到了，设备很齐全，不过得注意维护。

张经理：感谢您的提议，我们会派人维护的。好的，不打扰您了，有什么问题，可以联系我们物业。

第五课　搞一些促销活动吧

综合练习

听说练习

一、根据听到的句子和它的三个应答，选择最恰当的应答。

1. 男：请说一下这次市场调查的情况吧！
   女：A. 工作很忙，经常加班。
   　　B. 有些顾客反映产品质量有问题。
   　　C. 我们打算开发新产品。

2. 男：这个季度我们产品的市场占有率怎么样？
   女：A. 那家公司的产品很受欢迎。
   　　B. 这个季度有促销活动。
   　　C. 比上一季度下降了两个百分点。

3. 女：下个月就是"十一"黄金周，你们有什么销售计划？
   男：A. 销售计划由张经理负责。
       B. 我们想搞一些促销活动。
       C. 我们想生产一些新产品。

4. 男：这份促销方案由你来负责吧！
   女：A. 做好后，我会将详细的方案发给您看看。
       B. 这种产品可以满足女性的需求。
       C. 有问题就找我吧！

5. 男：顾客对价格有什么意见？
   女：A. 觉得退换货手续比较麻烦。
       B. 觉得有点儿高，但还可以接受。
       C. 可以讨价还价。

二、根据听到的对话，选择最恰当的答案。

1. 男：请通知销售部员工周会取消，顺便叫一下安经理。
   女：好的，我这就去。
   男：噢，别忘了将上次员工周会的报告发给我！

2. 男：最近公司收到什么投诉或反映吗？
   女：根据上个月的调查，5%的顾客买到过过期的牛奶。
   男：请马上联系管理科。

3. 女：我们上个月的销售业绩不太理想。
   男：我对其他5家公司的同类产品做了一份市场调查，他们的产品价格明显比我们低。
   女：这不能说明我们的产品性能不如他们，物有所值嘛！

4. 男：你们部门做的市场调查的结果出来了吗？
   女：80%的客户对公司的售后服务表示肯定，40%的客户能接受产品的价格，30%的客户对产品的质量表示认可。
   男：看样子，下一步我们要在产品质量上做文章。

5. 男：上个月我们公司产品的市场占有率比历年都高，这个月不知道怎么样？
   女：和上个月不相上下，比上个月略低了1个百分点。
   男：我们不能骄傲，要继续保持上个月20%的占有率才行！

三、根据听到的两段话，选择正确答案。

第1题至第3题是根据下面一段话：
　　现在是网络时代了，网络为寻找供应商提供了便利的交易平台，那大家会问："谁还需要广交会呢？"
　　4月24日那天，我去广交会做采访。我的一个突出的感觉就是许多公司的展位都很大，布景更加独特和人性化。比如日用陶瓷展区，多半公司都摆好了让大家坐下来喝茶、聊天的桌椅，再配上餐具，还提供茶、果汁和小点心，看上去就跟开茶话会一样，非常亲切。此外，陶瓷属于中国传统产品，有的公司还展现中国文化特色，比如，一家公司安排女乐手穿上红色旗袍，演奏传统乐曲，吸引了不少客户。

事实上，越来越多的参展商就是把广交会当作聚会交流的平台。比如，来自潮州一家公司的老板说，他们来参加广交会的目的主要是和老客户见面，做产品展示，听他们对产品的意见，而不是把这里当作一个主要的出口平台，一定要完成多大的业务量。

如果说广交会是一个交流聚会的平台，那么这个功能是网络暂时无法代替的。

第4题至第6题是根据下面一段对话：

王老板：张经理，您好！这是我的名片，我对你们公司早有耳闻。这次来，想订购你们公司的玩具。

张经理：那太好了。王老板，这是我的名片。我们一直做外贸出口生意。不过，现在国外市场不好做了，我们的产品也转为内销了。

王老板：我知道。这次交易会邀请了很多国内采购商。

张经理：是啊！看看我们的产品就知道，质量绝对好，价格也很公道。

王老板：我要订600件，你能再优惠一点儿吗？

张经理：你的订单对我们来说太少了，如果还要便宜，我真没办法了。

王老板：说实话，我很了解你说的情况。不过，内销利润高于外销。

张经理：说是这么说，但是很多国内采购商下单后，不付预付款，而且往往是销售了一段时间货才付款，有的还把销不出去的货退回来。

王老板：我肯定是"出货付款"。

张经理：好吧！既然这样，我也做些让步吧，希望您成为我们的长期客户。

四、根据听到的内容填空。

营业员：先生，欢迎光临！

顾　客：听说贵店正在搞酬宾促销活动。

营业员：是的。我店为庆祝元旦，正在搞酬宾促销活动，全场三折起。

顾　客：我想买件衣服送给我太太做新年礼物。你能不能帮我推荐一下？

营业员：好的。这边请。

……

营业员：这套衣服专为30岁左右的职场女性设计。

顾　客：嗯，很不错，这一套多少钱？

营业员：1400块，打八折，折后1120块。

顾　客：折扣太少了吧？

营业员：三折是说去年的款型。您挑的是今年的新款，这说明您眼光好。买回去太太一定喜欢，而且这套衣服绝对合算，物有所值。

顾　客：好吧，就买这套了，请帮我包起来。

第六课　参加服装交易会

综合练习

听说练习

一、根据听到的句子和它的三个应答，选择最恰当的应答。

1. 女：请问，这次进出口商品交易会是哪里主办的？
   男：A. 青岛冰箱厂。
   　　B. 上海市对外经济贸易局。
   　　C. 公司王总经理。

2. 男：张小姐，有双面开口的展位吗？
   女：A. 单面开口的比较多。
   　　B. 展位费用很高。
   　　C. 有，但要提前预定。

3. 女：请介绍一下你们公司的新产品。
   男：A. 我们的新产品设计时尚，性能强大。
   　　B. 正准备做广告呢。
   　　C. 我们正在研发新产品。

4. 男：今天就签合同吧。
   女：A. 欢迎您选购我们的服装。
   　　B. 什么时候签合同？
   　　C. 好的，我请王经理过来。

5. 女：什么时候可以交货？
   男：A. 最快一个星期吧。
   　　B. 从星期一到星期五。
   　　C. 我们会准时交货的。

二、根据听到的对话，选择最恰当的答案。

1. 男：下个月在北京有一个汽车展销会，我们派谁去呢？
   女：我看还是派销售部的杨经理去吧。
   男：可以，那么李经理就留在公司做销售计划吧。

2. 女：今年冬季农产品交易会在哪儿举办？去年是在丽江。
   男：在昆明。明年听说要在桂林。
   女：太好了，那里风景很美。

3. 女：您好！我是此次会议主办方的联系人小王。请问，您收到我们的报展文件了吗？
   男：您是发传真还是邮寄的？

　　女：发传真。文件包括展览会的介绍资料、参展申请表格、参展费用以及展馆展位图。

4. 男：请问，我们将参展表格发传真给您就是最后确认了吧？
　　女：您还要将全部展位费汇到主办单位那里。
　　男：好的，我们再考虑一下。

5. 男：请品尝一下我们公司的特制保健茶。
　　女：谢谢！嗯，味道不错。今天是茶品交易会，有优惠吗？
　　男：如果长期大批量订货，我们会给您至少30%的优惠。

三、根据听到的两段话，选择正确答案。

第1题至第3题是根据下面一段对话：
李先生：欢迎来到我们的展位。
史密斯：谢谢。您的展位布置得非常好。
李先生：谢谢您的夸奖。坐一会儿好吗？
史密斯：谢谢。
李先生：这是我的名片。
史密斯：谢谢。这是我的名片。
李先生：哦，史密斯先生，久仰久仰。
史密斯：哪里哪里。我是第一次来广交会，对贵公司的纺织品很感兴趣。您能告诉我贵公司的情况吗？
李先生：我公司从事纺织品生产已有多年，产品远销海外。
史密斯：我可以了解一下你们的新产品吗？
李先生：好的，这都是我们的新产品，在国外很畅销。
史密斯：噢，这么多的新产品，我想在美国市场上也会很有销路。
李先生：很高兴您这么说。您慢慢看，也欢迎您随时去我厂考察。
史密斯：谢谢。我打算在广交会结束后去考察。贵公司是哪个省的？
李先生：浙江省。
史密斯：哦，真的吗？那里的轻工业很有名，是吗？
李先生：确实如此。
史密斯：我会在广东待五天，然后去浙江。
李先生：那太好了。欢迎您来我厂考察。

第4题至第6题是根据下面一段对话：
秘　书：您好！您是会展联系人林先生吗？
林先生：对，您是哪位？
秘　书：我是上海甜甜矿泉水公司的张秘书。我们收到您的会议传真了，有些事想再咨询一下，可以吗？
林先生：不必客气！您有什么问题？
秘　书：请问有哪些单位参加这次交易会？
林先生：有矿泉水公司、酒业公司和饮料公司。
秘　书：那什么时候给您发参展表格确认参展呢？
林先生：12月15日之前最好，最晚是12月底。当然越早越有机会订到好展位，对宣传也有利。

秘　书：噢，您说得很有道理。我们需要提前运送一些展品，会有人帮我们收货吗？

林先生：只要在规定的时间内送到，地址写得详细些，我们会安排专人接货的。

秘　书：另外，如果在展会期间需要水、煤气及租用电话线的服务，是否提前向主办单位申请？

林先生：对，否则要收取10%的加急费。需要说明的是，这些服务项目都要加收2%的费用。

秘　书：好的，谢谢。如果有问题可能还会麻烦您。

林先生：不客气，欢迎贵公司参展。

四、根据听到的内容填空。

罗　总：李先生，很高兴在这次交易会上见到您。

李　总：罗总，您好，久违了。

罗　总：这次交易会怎么样？有什么收获？

李　总：很不错，没想到国外不少公司也对我们的产品很感兴趣。

罗　总：是啊，丝织品的图案精美，毕竟是中国的传统工艺。对不少国家来说，丝绸纺织技术仍然是一个谜。

李　总：您过奖了，不过丝绸确实是中国特色。

罗　总：您看过其他品牌的服装了吗？

李　总：看了。贵公司的服装设计就很有特色。

罗　总：谢谢夸奖！我们经营服装已经很多年了，花色品种很多。有您喜欢的样式吗？

李　总：这一套服装我很喜欢，应该说是传统与流行的完美结合。

罗　总：这套服装上面有一些手绘彩图，今年非常流行。如果您感兴趣，我们可以合作。

李　总：好啊，我会再跟您联系的。

第七课　广告策划得怎么样了？

综合练习

听说练习

一、根据听到的句子和它的三个应答，选择最恰当的应答。

1. 女：你觉得这个广告怎么样？
   男：A. 很有创意。
   　　B. 有广告文案。
   　　C. 有两个方案。

2. 女：你们的市场定位是什么？
   男：A. 我们的产品很有市场。
   　　B. 进行广告宣传。
   　　C. 针对高收入人群。

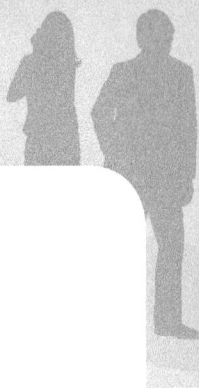

3. 女：你们从哪个方面考虑广告设计？
　　男：A．体现女性的高贵气质。
　　　　 B．广告设计不容易。
　　　　 C．挑选广告的播放时间。

4. 男：你们的广告策划得怎么样了？
　　女：A．张经理策划。
　　　　 B．我的印象很深。
　　　　 C．已经基本完成。

5. 女：你打算怎样进行广告宣传？
　　男：A．这是有效的方法。
　　　　 B．选择合适的媒体。
　　　　 C．我常买女性杂志。

6. 女：谁喜欢读《女性精英》杂志？
　　男：A．成功男士。
　　　　 B．广告媒体。
　　　　 C．白领丽人。

二、根据听到的对话，选择最恰当的答案。

1. 女：这个广告设计挺有创意的。
　　男：我怎么看也不明白是什么产品的广告。
　　女：你又不化妆，当然不知道是什么。

2. 男：你们的广告策划做好了吗？
　　女：经理说没有突出产品特色，还需要继续修改。
　　男：看来你们又要加班了。

3. 女：我们的新产品主要是针对高端客户推出的。
　　男：那么广告设计也主要是为了吸引高端消费者的眼球。
　　女：你说得没错。

4. 男：我看选择电视广告吧，看电视的人最多。
　　女：杂志和广播也是不错的选择。
　　男：好，那就这么定了。

5. 男：怎么电视的广告越来越多了，真没劲。
　　女：是啊，播放一部电视剧要插播好几次广告呢。
　　男：有的广告还连放几遍，一点儿创意也没有。

6. 男：你常看哪类杂志？
　　女：关于服饰、时尚、情感的，我都挺爱看的。
　　男：我可跟你不一样，我喜欢看体育、财经类杂志。

三、根据听到的两段话，选择正确答案。

第1题至第3题是根据下面一段话：

在选择广告媒体时，应考虑多方面的因素。选择广告对象容易接受的媒体，是增强广告促销效果的有效方法。例如，生产或销售玩具的企业，广告对象是儿童，所以不会在杂志上做广告，而只能在电视上做广告。

选择广告媒体，还应考虑产品的特征。因为各种媒体在可信度、注意力与吸引力等各方面具有不同的特点。工业品与消费品，技术性能较高的复杂产品与较普通的产品，应采用不同的媒体进行广告宣传。

广告媒体选择还受到广告信息内容的制约。如果广告内容是宣布近期的销售活动，报纸、电视、广播媒体最及时；而如果广告信息中有大量的技术资料，那么登载在专业杂志或邮寄广告媒体上比较合适。

第4题至第6题是根据下面一段话：

现在，商家促销活动花样越来越多，但一些商家故意不在广告宣传中明确促销商品的数量和范围，引来市民的投诉。

昨天，市民董先生路过一家服装店时，被"本店服装6折出售，莫错过机会"的醒目广告吸引，于是他在服装店选中了售价为200元的T恤衫。当他到收银台付钱时，收银员却要他按标明的售价200元付款。对此，董先生很不理解，他问："你们的广告说是本店服装6折出售，怎么现在收款时又没有打折呢？"收银员表示："6折出售的服装是过季服装，而T恤衫属于当季服装，是不打折的。"董先生感到服装店广告在诱导消费者，非常生气。在与服装店协商没有结果的情况下，他向"12315"投诉。最后，通过执法人员的调解，服装店按6折的价钱把T恤衫卖给了董先生。

四、根据听到的内容填空。

王主任：李先生，您好。很荣幸您能选择我台为贵公司做广告。

李先生：王主任，您过谦了。我们选择贵台，是因为贵台影响广泛。

王主任：谢谢夸奖。公司要选择消费者喜闻乐见的形式，这样才能吸引消费者的眼球，也更容易被接受。

李先生：是的。广告还要充分体现公司的经营理念。

王主任：那么，我们谈一谈广告的具体事宜吧。

李先生：好的。听说贵台黄金时段的电视剧正在热播。我们希望在此时段播出广告。

王主任：可以，但是黄金时段的竞争十分激烈，价钱也就比其他时段都高。

李先生：我想价钱不是问题，关键是我们怎么利用这个时段来扩大我们的影响。

第八课　无限商机尽在互联网

综合练习

听说练习

一、根据听到的句子和它的三个应答，选择最恰当的应答。

    1. 女：你们公司发展这么快的秘诀是什么？
       男：A. 其实很简单，全靠互联网。
           B. 我们公司发展很快。
           C. 我们成立时间不长。

    2. 女：你会利用互联网做生意吗？
       男：A. 我经常上网。
           B. 生意很红火。
           C. 那当然。

    3. 女：电子商务网有什么优势？
       男：A. 没有时间和地域限制。
           B. 商务人士爱去超市购物。
           C. 我们要扩大规模。

    4. 男：你们今后有什么计划？
       女：A. 研发由王经理负责。
           B. 开拓全球市场。
           C. 这是重要途径。

    5. 女：你今天采访谁？
       男：A. 蓝天公司发展很快。
           B. 采访收获很大。
           C. 佳美公司的王总。

    6. 女：你觉得这次采访怎么样？
       男：A. 感谢王总接受采访。
           B. 真是受益匪浅。
           C. 去国外参观访问。

二、根据听到的对话，选择最恰当的答案。

    1. 女：你们公司成立不到三年吧？就规模这么大了，真是厉害。
       男：这主要是因为我们市场定位明确，抓住了机会。
       女：所以说找准目标非常重要。

    2. 男：最近生意做得怎么样？

女：别提了，总是亏本。新客户也不好联系。
男：你为什么不利用互联网呢，那里有丰富的客户资源。

3. 女：互联网有很多商机，不过也会有陷阱。
   男：我想随着互联网的发展，网上交易也会越来越科学。
   女：但愿如此吧。

4. 男：你们销售部工作进展怎样？
   女：经理，我们已经提前实现了全年的销售目标。
   男：干得不错。看来你们的销售方案非常有效。

5. 男：电子商务网没有时间和地域限制，交易真是方便。
   女：是啊。我也经常通过互联网找合作伙伴，效率很高。
   男：我还计划利用电子商务网打进全球市场呢。

三、根据听到的两段话，选择正确答案。

第1题至第3题是根据下面一段话：

"上班时，她们是职员。下班后，她们是老板。"这种双重身份受到了许多女性的青睐。热衷做"兼职"店主的女性们大多有一份收入不错的工作，她们希望通过投资小店来告别那种一成不变的生活模式。

她们与传统的上班族不一样。工作对她们来说，只是生活的一小部分，她们不会为了能否升职或加薪而斤斤计较。同时她们和专门经商的店主也不同，虽然盈利是她们的动力和追求，但乐趣和兴趣却是她们最先考虑的。

通常热心当店主的白领有三类：第一类人注重生活情趣，开店可以满足自己的喜好；第二类是善于求新的人，她们认为多点经验不是坏事，以后如果想转行会容易些；第三类人工作压力大，但拥有一定资金，有经济能力开自己的小店，她们的目的是缓解工作压力。

第4题至第6题是根据下面一段话：

现在网络团购很流行。网络团购就是互不认识的消费者，通过互联网来聚集资金，加强与商家的谈判能力，从而取得最优惠的价格。虽然网络团购的出现只有短短两年多的时间，却已经成为网民们的一种新的消费方式。据调查，目前网络团购的主力军是年龄25岁到35岁的年轻群体，在北京、上海、深圳等大城市十分普遍。

从网络购物到网络团购，传统消费观念发生了改变。网络团购最核心的优势体现在商品价格更为优惠。根据团购的人数和订购产品的数量，消费者一般能得到相当大的优惠幅度。网络团购虽然具有物美价廉和省心省力的好处，但也要注意以次充好、虚报低价、没有售后服务等情况。需要消费者了解卖方产品质量、产品口碑、售后服务等详情后再做决定。

四、根据听到的内容填空。

小　王：小李，最近我在网上买了件衣服，你看看怎么样？
小　李：不错，很漂亮。你刚才说这是在网上买的衣服吗？
小　王：是啊。
小　李：网上还能买东西吗？

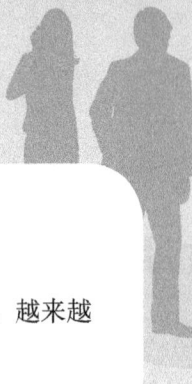

小　王：当然啦，网上购物现在很流行，已经不是什么新鲜事了呀。

小　李：看来我是落伍了。你再给我讲讲网上购物吧。

小　王：网购是电子商务的一种。随着互联网的快速发展，网购已经逐渐深入老百姓的生活，越来越受欢迎。

小　李：为什么它这么受欢迎？

小　王：它不仅便宜，还省时省力，已经成为很多人购物的重要途径。我们可以利用网络买到不同地区甚至不同国家的产品。这些都让消费者受益匪浅。

小　李：网上购物的好处这么多，以后我也要试一试。

第九课　"顾问式"销售理念

综合练习

听说练习

一、根据听到的句子和它的三个应答，选择最恰当的应答。

1. 女：这次参加投标的公司还真不少。

   男：A．谁说不是呢？

   　　B．投标明天开始。

   　　C．政府举行这次招标会。

2. 女：我知道贵公司一直很重视人才和技术。

   男：A．公司不断创造新产品。

   　　B．是的，公司认为人才和技术是最重要的。

   　　C．公司一定要为客户服务。

3. 男：贵公司有详细的产品介绍书吗？

   女：A．有，请您过目。

   　　B．我们介绍产品的详细情况。

   　　C．好的，放在这儿吧。

4. 女：如果您对我公司的产品感兴趣，请联系我们。这是我的名片。

   男：A．产品一直很受欢迎。

   　　B．我们正在研发新产品。

   　　C．好的，一定联系。

5. 男：张总，贵公司的销售理念很值得我们学习。

   女：A．哪里，哪里。

   　　B．贵公司发展很快。

   　　C．服务很重要。

6. 男：贵公司有什么经营理念？
　　女：A. 我们很重视经营。
　　　　B. 我公司经营汽车零配件。
　　　　C. 我们一直坚持"顾客第一"。

二、根据听到的对话，选择最恰当的答案。

1. 女：张先生，请问您是怎么看汽车产业的？
　　男：现在在汽车产业竞争越来越激烈，所以说厂家的车型要贴合市场，而且变化要快。汽车厂家要有好的产品，经销商要有相应的营销理念，再配合良好的售后服务，才能有更好的发展。
　　女：请问贵公司的营销理念是怎么样的？

2. 女：请问，家乐福的经营理念是什么？
　　男：家乐福1963年成立第一家超市，创造了大卖场的概念。在当时，这一创新促进了法国经济的发展，法国的生活方式也开始了多样化，并且越来越方便，因为我们提供了优良的环境，让消费者感受到了购物的乐趣。后来，家乐福一直在创新。创新会使我们继续成为市场的领导者。

3. 男：三星电子在世界500强中排行靠前，您认为三星电子获得飞速发展的原因是什么？
　　女：最重要的还是人才和技术，只有创造出最高品质的产品，才能吸引客户。三星产品的技术开发大部分都是在韩国进行的，尤其在产品企划方面，在世界上也都是一流的。虽然产品企划时间比较长，但只要做出决策，从技术的角度推进是非常快的。

4. 男：我看到你们公司的网站上有一个招标会的通知，我很有兴趣，我能再打听一些详细的情况吗？
　　女：没问题，只要我知道的，一定告诉您。
　　男：真是太谢谢你了。

5. 男：贵公司最近几年发展得很快，有什么秘诀吗？
　　女：哪有什么秘诀？不过商务领航的信息化工具确实让我们提高了工作效率。
　　男：是吗？看来我们也有必要学习一下贵公司的做法。

6. 女：招标会的结果出来了，我们没有中标。
　　男：怎么可能呢？我们准备得那么充分，而且实力也很强！
　　女：谁知道呢！

三、根据听到的两段话，选择正确答案。

第1题至第3题是根据下面一段话：
　　麦当劳是当今世界上最为成功的快餐连锁店之一，目前在世界上一百多个国家开设了大约三万家连锁店，在中国就拥有一千多家餐厅。麦当劳之所以能够成功，是因为它的经营理念——QSCV。
　　Q——（Quality）即质量、品质。麦当劳都要遵守世界统一而且严格的标准。每种食品都经过严格的质量把关，这样顾客可享用到最新鲜、最纯正的食品。
　　S——（Service）即良好的服务。最有特色的服务态度就是微笑。标准地露八颗牙齿的微笑，让每一位顾客都感受到家一样的温暖。同时，麦当劳的顾客们排队不会超过两分钟，在点餐一分钟后，食品就会送到顾客手中。同时，还提供多种人性化服务，如免费送餐、为儿童顾客举办生日聚会等。
　　C——（Cleanliness）即卫生、清洁。员工在进入工作岗位之前必须进行严格的消毒，所使用的一

切物品也经过严格的消毒。这样才能让顾客放心使用。

V——（Value）即价值。麦当劳的每一种食品都要符合严格的营养搭配，将最有营养价值的食品奉献给每一位顾客。

第4题至第6题是根据下面一段话：

具有100多年历史的可口可乐，拥有全世界最大的销售网络，目前全世界近200个国家和地区的消费者每日饮用几十亿杯可口可乐公司的产品。可口可乐为什么无处不在？我们可以从它的产品、价格、传播与分销等方面进行分析。

第一，产品特色：它是人们都喜欢喝的饮料。可口可乐具有很强的适应力，它到什么地方就变成了那里的产品。在中国，它将口味微调至符合中国人的口味，甚至南方、北方都有差异。

第二，货真价实：它让人人都买得起。可口可乐公司推行低价策略，从1886年到20世纪50年代，每瓶可乐的价格只有5美分，今天它与同类商品相比也不是很贵。因此，发展中国家的人们也买得起。

第三，不断宣传：它时时提醒人们"别忘了我"。可口可乐公司通过各种传媒手段，让可口可乐标识频繁露面，时时提醒人们"买一杯可口可乐，好吗？"

第四，随处可买：它为人们随时购买提供便利。世界各地的可口可乐罐装厂保证了近200个国家消费者的需求。不管你身在何处，是在舞厅跳舞，在办公室工作，在理发店理发，在饭馆吃饭，还是在火车上、飞机上，可口可乐都在你身旁。

四、根据听到的内容填空。

张　总：王秘书，把李经理叫来。

王秘书：张总，李经理去见客户了。您有什么事，我去通知。

张　总：好的。公司准备参与政府的采购招标会，你把招标通知给他，让他准备材料。

王秘书：准备哪些材料？

张　总：一是制作投标书，二是准备详细的产品介绍。

王秘书：好的，我去通知他。

张　总：另外，你把公司的大体情况和我们代理的产品做成幻灯片，要一目了然。

王秘书：这些材料我们什么时候交给您？

张　总：下周一上班的时候交给我。

王秘书：好的，明白了。

第十课　海尔服务美名传

综合练习

听说练习

一、根据听到的句子和它的三个应答，选择最恰当的应答。

1. 女：那家空调维修点的服务真不错，收费低、技术好。你觉得呢？
   男：A. 那家空调维修点在我家附近。

B. 是不错，我也到那里维修。

C. 我家的空调坏了，需要维修。

2. 男：您好，王女士，我是维修公司的。您在哪儿？我们约好十点到您家的。

女：A. 我就是，请十点到我家。

B. 不好意思，我马上就来，请稍等。

C. 麻烦您修一下空调。

3. 男：我家空调坏了，明天可以来修一下吗？

女：A. 空调不制热了。

B. 好的，明天下午去。

C. 空调是格力的。

4. 男：小姐，您在麦网预定的紫色毛衣断货了，请问您是选择再等一段时间还是退货呢？

女：A. 我要买紫色毛衣。

B. 我在麦网预定了紫色毛衣。

C. 再等一段时间吧。

5. 女：小张，昨天晚上辛苦了，开夜车开到几点啊？

男：A. 事情太多了，都到三点了。

B. 最近总是开夜车。

C. 我在公司里开夜车。

6. 男：这款产品您用得怎么样，还满意吗？

女：A. 这款产品是国外进口的。

B. 这款产品非常适合我。

C. 这款产品是昨天刚买的。

二、根据听到的对话，选择最恰当的答案。

1. 女：您好，昨天我在您这儿买了一件外套，穿着有点小，可以给我换一件大一号的吗？

男：没问题！

女：那就太谢谢您啦！

2. 男：请问有什么问题？

女：我家电视机屏幕不亮，上次是图像不清楚，刚修过三个月。

男：好的，我十分钟以后到您家。

3. 男：小李，我晚上要参加一个重要的会议，你马上到我办公室来，给我准备一份会议资料。

女：经理，我把上次的报告打印好以后，马上就过来。

男：好的。

4. 男：格林酒店吗？我要预订一个商务套房，明天晚上入住。

女：对不起，先生，商务套房没有了，您看标准间可以吗？

男：那就算了。

5. 男：今天办公室怎么那么热啊？没开空调吧？
   女：开了啊，我调到20度了。
   男：可能有问题了，请维修工来看看吧。
   女：好的。

6. 女：你们是怎么搞的？修了两个小时了还没修好！
   男：您别急，您这电脑可不是一般的毛病。
   女：快点吧，我还有很多工作急着要做呢！
   男：好，好！

三、根据听到的两段话，选择正确答案。

第1题至第3题是根据下面一段话：

你好！请问是红星电脑维修点吗？我想咨询一下，我的电脑是三年前买的，已经过了保修期。这两天电脑出了问题，开机速度很慢，开一次需要二十分钟，还有总是莫名其妙地关机。现在我修理的话，请问需要花多少钱？还有，需要多长时间才能修好？谢谢！

第4题至第6题是根据下面一段话：

售后服务说明：
1. 我厂出售的所有产品保修期为一年，保修期内免费上门维修（人为因素或不可抗拒的自然现象所引起的故障或破坏除外）。
2. 在接到报修通知后，七个工作日内赶到现场并解决问题。
3. 用户可以通过售后电话咨询有关技术问题，并得到明确的解决方案。
4. 用户在正常使用中出现性能故障时，本公司承诺以上保修服务。

四、根据听到的内容填空。

售货员：先生，您的眼光很不错，这款相机性能好，又时尚。
格　林：是不错，但价格有点儿贵。可以便宜一点儿吗？
售货员：不好意思，这已经是最低价了。
格　林：哦，那好吧。售后服务怎么样？
售货员：这您放心，是全国联保。
格　林：我看一下保修卡吧。
售货员：请稍等。
……
售货员：给您，这是保修卡。
格　林：现在要填吗？
售货员：您付款后，我来帮您填。您核对一下就可以。
格　林：好的，谢谢你。
……
售货员：产品型号是K5957c。
格　林：K5957c。

售货员：产品序号是A0768463。

格　林：产品序号，A0768463，好的。

售货员：收据编号是436。

格　林：436。购买日期要写清楚。

售货员：当然，购买日期是2012年2月26号。如果一年之内，相机出现任何非人为因素造成的质量问题，您都可以拿着保修卡和发票到售后服务点进行免费维修。

格　林：好的，非常感谢！

答案 Answer keys

第一课　开户汇款

课前预习

根据课文内容选择正确答案。

1. C　　　2. B　　　3. A
4. B　　　5. D

即学即用（仅供参考）

1. （1）明天开会，请把会议室打扫干净
　　（2）把它修好
　　（3）把客人招待好
2. （1）这样的事
　　（2）这样才能学好
　　（3）这样的人
　　（4）这样翻译吧
3. （1）休息
　　（2）考察
　　（3）申请这个职位
　　（4）开会吧

综合练习

听说练习

一、根据听到的句子和它的三个应答，选择最恰当的应答。

1. C　　　2. B　　　3. A
4. B　　　5. A　　　6. C

二、根据听到的对话，选择最恰当的答案。

1. C　　　2. D　　　3. B

4. C　　　5. A　　　6. B

三、根据听到的两段话，选择正确答案。

1. A　　　2. D　　　3. C
4. D　　　5. A　　　6. A

四、根据听到的内容填空。

1. 方式　　　2. 0　　　3. V
4. 短信　　　5. 汇款人

读写练习

一、选词填空。

1. 核对　　　2. 填写　　　3. 递
4. 排队　　　5. 开通　　　6. 操作
7. 咨询　　　8. 注册

二、词语连线。（仅供参考）

1. b　　　2. c　　　3. e
4. a　　　5. f　　　6. d

三、选择正确答案。

1. C　　　2. B　　　3. A
4. D　　　5. B　　　6. C

四、用所给词语完成句子。（仅供参考）

1. 只要办一张银行卡

2. 把资料准备一下

3. 这样才会更好地了解市场需求

4. 在一个月内完成

5. 就可以在家休息了

6. 到图书馆看书

副课文练习

一、根据课文内容选择正确答案。

1. D   2. A   3. C

4. B   5. D

二、选择正确答案。

1. B   2. B   3. A

4. C   5. B   6. A

三、选词填空。

1. 享受   2. 便捷   3. 日益

4. 拥有   5. 普遍   6. 调查

7. 租赁   8. 提供   9. 分期

10. 旺盛

第二课　按揭买房

课前预习

根据课文内容选择正确答案。

1. D   2. C   3. A

4. B   5. C

即学即用（仅供参考）

1.（1）60%以上的企业

　（2）资产千万元以上

　（3）增长35%以上

2.（1）高达每平方米3万元

　（2）可达300%

　（3）高达200米

3.（1）然后对我说："有什么问题吗？"

　（2）然后就出去找工作了

　（3）然后把客人安排到酒店

4.（1）否则不能保修

　（2）否则效益得不到提高

　（3）否则不签字

综合练习

听说练习

一、根据听到的句子和它的三个应答,选择最恰当的应答。

1. B   2. C   3. A

4. C   5. B   6. A

二、根据听到的对话,选择最恰当的答案。

1. A   2. B   3. C

4. A   5. C   6. D

三、根据听到的两段话,选择正确答案。

1. C   2. A   3. C

4. D   5. C   6. A

四、根据听到的内容填空。

1. 贷款　　　2. 首付　　　3. 收取

4. 收入证明　5. 签订

读写练习

一、选词填空。

1. 审核　2. 期限　3. 签订　4. 剩余
5. 合算　6. 收取　7. 方式　8. 否则
9. 临时　10. 递减

二、根据所给例子完成下列词语搭配。（仅供参考）

1. 贸易合约　合作协议　劳动合同
2. 出国　提前还贷　奖学金
3. 居住　合同　交货
4. 工作　学习　支付
5. 结束　交货　完成任务
6. 中介费　学费　物业管理费

三、选择正确答案。

1. A　　2. B　　3. D
4. C　　5. A　　6. D

四、用所给词语完成句子。（仅供参考）

1. 40%以上的大学生会选择进公司

2. 高达两万元
3. 对消费者来说
4. 然后就去了维修点
5. 否则不会成功
6. 经理看中了
7. 休闲方式有很多
8. 比较便宜

副课文练习

一、根据课文内容判断正误。

1. ×　　2. √　　3. ×
4. √　　5. √　　6. ×

二、选择正确答案。

1. A　　2. C　　3. B　　4. C
5. A　　6. B　　7. C　　8. D

三、选词填空。

1. 影响　2. 观念　3. 推迟　4. 实现
5. 周转　6. 投资　7. 攒　8. 贬值
9. 通过　10. 划算

第三课　租金可以再便宜一点儿吗？

课前预习

根据课文内容选择正确答案。

1. C　　2. A　　3. D
4. B　　5. D

即学即用（仅供参考）

1.（1）最好在周三前给我们一个确切的答复
（2）最好把这些优惠券都用掉
（3）最好在月底前把这些房子都卖出去

2.（1）5万元以内
（2）3公里以内
（3）30公斤以内
3.（1）待遇比较优厚
（2）比较好
（3）由于人比较多，程序比较复杂
（4）但也算是比较好的了
4.（1）我有点儿担心
（2）你来得有点儿早
（3）这套房子有点儿旧
（4）有点儿高

5.（1）好得不能再好了

（2）不能再失败了

（3）真是好玩得不能再好玩了

（4）买房子可不能再等了

综合练习

听说练习

一、根据听到的句子和它的三个应答, 选择最恰当的应答。

1. C　　2. B　　3. A

4. A　　5. B　　6. C

二、根据听到的对话, 选择最恰当的答案。

1. D　　2. A　　3. D

4. B　　5. B　　6. C

三、根据听到的两段话，选择正确答案。

1. C　　2. A　　3. D

4. B　　5. C　　6. C

四、根据听到的内容填空。

1. 厨房　　2. 卫生间　　3. 卧室

4. 17　　5. 3500

读写练习

一、选词填空。

1. 最好　2. 以内　3. 比较　4. 装修

5. 押金　6. 充足　7. 符合　8. 有点儿

二、词语连线。

1. c　　2. f　　3. a

4. e　　5. b　　6. d

三、选择正确答案。

1. C　　2. B　　3. D

4. B　　5. C　　6. C

四、用所给词语完成句子。（仅供参考）

1. 你要打扮得漂亮一点儿

2. 大家都来尝一下

3. 能不能帮我看一下

4. 价格有点儿高

5. 不能再低了

6. 以后再说吧

副课文练习

一、根据课文内容选择正确答案。

1. B　　2. D　　3. D

4. A　　5. A

二、选择正确答案。

1. C　　2. B　　3. D

4. C　　5. A

三、选词填空。

1. 稳定　2. 发火　3. 积攒　4. 始终

5. 完备　6. 早晚　7. 从来　8. 商量

9. 结婚　10. 没准儿

第四课　召开业主大会

课前预习

根据课文内容选择正确答案。

1. A　　　2. C　　　3. B
4. D　　　5. D

即学即用（仅供参考）

1.（1）差点儿没谈成
　（2）差点儿因为这次研发失败
　（3）老板差点儿开除了我
2.（1）光吃了一点儿稀饭
　（2）他光带海外团
　（3）你光懂理论知识有什么用
3.（1）进行相关贸易的洽谈
　（2）正在对商务部部长进行访谈
　（3）正在进行男士化妆品的研发
　（4）进行了细致、认真的数据分析

综合练习

听说练习

一、根据听到的句子和它的三个应答，选择最恰当的应答。

1. B　　　2. A　　　3. B
4. B　　　5. A　　　6. B

二、根据听到的对话，选择最恰当的答案。

1. A　　　2. D　　　3. A
4. D　　　5. C　　　6. B

三、根据听到的两段话，选择正确答案。

1. C　　　2. A　　　3. B

4. C　　　5. A　　　6. A

四、根据听到的内容填空。

1. 入住　　2. 装修　　3. 漏水
4. 半年　　5. 维护　　6. 提议

读写练习

一、选词填空。

1. 发生　2. 满足　3. 管理　4. 避免
5. 增设　6. 提议　7. 尽力　8. 损坏

二、词语连线。

1. e　　　2. f　　　3. a
4. b　　　5. d　　　6. c

三、选择正确答案。

1. C　　　2. B　　　3. D
4. A　　　5. B　　　6. A

四、用所给词语完成句子。（仅供参考）

1. 我差点儿错过了业主大会
2. 小区物业管理委员会光说不行
3. 要对汇款单进行仔细核对
4. 并且尽力解决业主的困难
5. 为了谈判成功
6. 不仅装修要新，楼层也不要太高

副课文练习

一、根据课文内容回答问题。

1. 外出购物时。

2. 包里有数千元现金、身份证、信用卡、储蓄卡等。

3. 归还田女士的钱包。

4. 以前不信任，觉得管理员是从社会上招聘来的，素质不高。

5. 锦旗是业主送的。

二、选择合适的词语。

1. B   2. C   3. A
4. B   5. D

三、选词填空。

1. 损失   2. 招聘   3. 表达
4. 核对   5. 谢意   6. 赶紧
7. 感动   8. 谢绝   9. 表扬
10. 经历

第五课　搞一些促销活动吧

课前预习

根据课文内容选择正确答案。

1. C   2. B   3. D
4. C   5. B

即学即用（仅供参考）

1.（1）最近他每天都忙着看一些关于企业发展的报纸。
　（2）关于这个问题，我要直接跟经理商量。
　（3）关于股票，我知道得很少。

2.（1）根据成本
　（2）根据市场调查结果
　（3）根据这个月的市场运行情况

3.（1）要我说呀，这几家工厂的产品质量和设计都不相上下。
　（2）这两款车在性能上都不错，不相上下。
　（3）他们两个在个人能力方面不相上下，谁去都可以。

4.（1）为了迎接圣诞节，公司搞了一次圣诞晚会。
　（2）听说他一直在搞房地产投资。
　（3）工会要为员工搞好服务性工作。

5.（1）看样子，我们要在设计上做文章。
　（2）接下来我们要在沟通上做文章。
　（3）就要在产品技术创新上做文章了。

综合练习

听说练习

一、根据听到的句子和它的三个应答，选择最恰当的应答。

1. B   2. C   3. B
4. A   5. B

二、根据听到的对话，选择最恰当的答案。

1. A   2. D   3. D
4. C   5. D

三、根据听到的两段话，选择正确答案。

1. D   2. B   3. C
4. B   5. C   6. A

四、根据听到的内容填空。

1. 庆祝　促销   2. 三折
3. 30岁   4. 物有所值

读写练习

一、选词填空。

1. 关注　　2. 物有所值　　3. 反映
4. 制定　　5. 促销　　6. 加大
7. 不相上下　　8. 售后　　9. 退货
10. 搞

二、词语连线。

1. d　　2. h　　3. a
4. b　　5. d　　6. f
7. g　　8. c

三、选择合适的词语填空。

1. 但　　2. 根据　　3. 和
4. 就　　5. 而　　6. 再

四、用所给词语完成句子。（仅供参考）

1. 你就要在勤奋上做文章
2. 和那个牌子在性能上不相上下
3. 他总是搞不好方案

4. 关于发货日期
5. 根据合同，不按期发货的话
6. 并且要长期合作
7. 老板说由小李负责
8. 接下来就是想办法打入国际市场

副课文练习

一、根据课文内容判断正误。

1. ×　　2. ×　　3. √
4. ×　　5. ×　　6. √

二、词语连线。

1. a　　2. c　　3. d
4. e　　5. b

三、选词填空。

1. 拜访　　2. 熬夜　　3. 营销
4. 家常便饭　　5. 压力　　6. 有效
7. 独当一面　　8. 素质　　9. 付出
10. 有理有据

第六课　参加服装交易会

课前预习

根据课文内容选择正确答案。

1. B　　2. C　　3. B
4. C　　5. D

即学即用（仅供参考）

1. （1）交流起来很不愉快
　　（2）做起来很不简单
　　（3）想起来让人很难过
2. （1）合并后的银行资产总额将达到1.1万亿美

元，超过美洲银行。
（2）王小姐工作努力，这个月的收入超过
　　了小李。
（3）由于公司发展需要，现在的员工数量
　　超过了以前。
3. （1）如果星期一去那家酒吧，老板给顾客
　　五折的优惠。
（2）这是一款新车，刚上市就推出给顾客
　　5000元的优惠活动。
（3）如果客户大批量订货，厂家会给客户
　　20%的优惠。

综合练习

听说练习

一、根据听到的句子,选择最恰当的应答。

1. B　　2. C　　3. A
4. C　　5. A

二、根据听到的对话,选择最恰当的答案。

1. A　　2. C　　3. D
4. C　　5. A

三、根据听到的两段话,选择正确答案。

1. B　　2. A　　3. A
4. B　　5. D　　6. C

四、根据听到的内容填空。

1. 交易会　　2. 图案　　3. 丝绸
4. 设计　　5. 手绘

读写练习

一、选词填空。

1. 签订　　2. 加收　　3. 优惠　　4. 张贴
5. 超过　　6. 主办　　7. 选购　　8. 独特
9. 订货　　10. 发货

二、根据所给例子完成下列词语搭配。

1. 手续费　　管理费　　运费
2. 广告　　邮票　　宣传画
3. 产品　　衣服　　生活用品
4. 个性　　设计　　风格
5. 券　　方式　　享受
6. 协议　　名字　　订单

三、选择合适的词语填空。

1. 最好　　2. 把　　3. 起来

4. 出来　　5. 过来　　6. 给

四、用所给词语完成句子。（仅供参考）

1. 所以她享受到了8折优惠
2. 作为此次服装洽谈会的主办方
3. 这件工艺品是手工做的
4. 所以就亲自去工厂选购材料
5. 要求大批量订货
6. 他们很快就签了合同

副课文练习

一、根据课文内容判断正误。

1. ×　　2. ×　　3. ×
4. √　　5. √　　6. ×

二、选择正确答案。

1. C　　2. D　　3. B
4. A　　5. B　　6. A

三、选词填空。

1. 采购　　2. 订单　　3. 掌握　　4. 收集
5. 压力　　6. 轻松　　7. 感受　　8. 下单
9. 讨价还价　　10. 打交道

第七课　广告策划得怎么样了?

课前预习

根据课文内容选择正确答案。

1. C　　2. A　　3. B
4. A　　5. C

即学即用（仅供参考）

1.（1）一是款式，二是功能
　（2）一是环境优美，二是生活方便
　（3）一是总结经验，二是布置任务
2.（1）毕竟他是新来的
　（2）毕竟还是一家小公司
　（3）毕竟我们都还年轻
3.（1）特别是近两年
　（2）特别是研发部的技术人员
　（3）特别是电视机

综合练习

听说练习

一、根据听到的句子和它的三个应答，选择最恰当的应答。

1. A　　2. C　　3. A
4. C　　5. B　　6. C

二、根据听到的对话，选择最恰当的答案。

1. B　　2. A　　3. D
4. B　　5. D　　6. C

三、根据听到的两段话，选择正确答案。

1. C　　2. D　　3. D
4. B　　5. A　　6. C

四、根据听到的内容填空。

1. 广泛　　2. 喜闻乐见　　3. 体现
4. 黄金　　5. 价钱

读写练习

一、选词填空。

1. 突出　2. 体现　3. 利用　4. 印象
5. 风行　6. 广泛　7. 定位　8. 媒体

二、词语连线。

1. c　　2. f　　3. d
4. a　　5. b　　6. e

三、选择正确答案。

1. B　　2. A　　3. C
4. D　　5. B　　6. C

四、用所给词语完成句子。

1. 一是加快科技创新，二是抢占国际市场
2. 既要体现特色，又要有新意
3. 毕竟工作的时间不长
4. 特别是销售部工作很忙
5. 给游客留下了深刻印象

副课文练习

一、根据课文内容选择正确答案。

1. B　　2. B　　3. D
4. A　　5. D

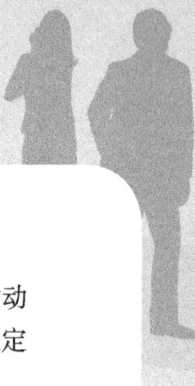

二、选择正确答案。

1. D　　　2. C　　　3. A
4. B　　　5. D　　　6. A

三、选词填空。

1. 激发　　2. 醒目　　3. 冲动
4. 促销　　5. 优惠　　6. 限定
7. 陷阱　　8. 眼花缭乱

第八课　无限商机尽在互联网

课前预习

根据课文内容判断正误。

1. ×　　　2. ×　　　3. ×
4. √　　　5. ×　　　6. √

即学即用（仅供参考）

1.（1）他在工作中遇到了一些麻烦，可仍然
充满了信心。
　（2）虽然他们的产品价格昂贵，但仍然有
不少购买者。
　（3）尽管薪水不高，他仍然不想离开这家
公司。

2.（1）随着网络购物的火爆
　（2）随着规模的扩大
　（3）随着房价的不断上涨

3.（1）还不如直接问销售部经理
　（2）与其在刚上市时购买
　（3）还不如说是和自己比

4.（1）他以生病为借口不去开会。
　（2）公司以"为客户提供优质服务"为经
营宗旨。
　（3）他以黄金为投资对象，获得了很高的
收益。

5.（1）只不过花钱多了些
　（2）只不过是个秘书
　（3）只不过便宜了二十元

6.（1）同时还投资黄金
　（2）同时车价也有所下降
　（3）同时还生产电视机

综合练习

听说练习

一、根据听到的句子和它的三个应答，选
择最恰当的应答。

1. A　　　2. C　　　3. A
4. B　　　5. C　　　6. B

二、根据听到的对话，选择最恰当的答案。

1. C　　　2. D　　　3. B
4. C　　　5. A

三、根据听到的两段话，选择正确答案。

1. C　　　2. B　　　3. A
4. D　　　5. C　　　6. A

四、根据听到的内容填空。

1. 新鲜　　2. 电子商务　　3. 互联网
4. 途径　　5. 受益匪浅

读写练习

一、选词填空。

1. 秘诀　2. 限制　3. 占领　4. 实现
5. 途径　6. 逐步　7. 迟早　8. 同时

二、词语连线。

1. d 2. f 3. a
4. b 5. c 6. e

三、选择正确答案。

1. C 2. B 3. A
4. D 5. D 6. C

四、用所给词语完成句子。（仅供参考）

1. 仍然坚持工作
2. 不如上网购物
3. 随着天气转暖
4. 以城市为中心
5. 我只不过是个销售部经理
6. 同时又是一个会享受生活的人

副课文练习

一、根据课文内容选择正确答案。

1. D 2. B 3. C
4. A 5. D

二、选择正确答案。

1. B 2. B 3. A
4. C 5. B 6. A

三、选词填空。

1. 发布 2. 货比三家 3. 点击率
4. 光顾 5. 汇总 6. 专门
7. 防止 8. 攀升

第九课 "顾问式"销售理念

课前预习

根据课文内容选择正确答案。

1. D 2. B 3. A
4. D 5. B

即学即用（仅供参考）

1.（1）我请他给我买一些东西。
（2）小李给我借到了一笔钱。
（3）这个项目给公司带来了生意。
2.（1）就赶紧去买机票吧
（2）既然你接受了这项任务
（3）你就放心地去吧
（4）既然你对这个工作不感兴趣

综合练习

听说练习

一、根据听到的句子和它的三个应答，选择最恰当的应答。

1. A 2. B 3. A
4. C 5. A 6. C

二、根据听到的对话，选择最恰当的答案。

1. C 2. A 3. D
4. C 5. B 6. B

三、根据听到的两段话，选择正确答案。

1. A 2. A 3. D
4. D 5. C 6. C

四、根据听到的内容填空。

1. 采购　　　2. 投标书　　　3. 介绍
4. 一目了然　5. 下周一

读写练习

一、选词填空。

1. 融入　　　2. 效率　　　3. 采购
4. 言过其实　5. 方案　　　6. 价值
7. 掌握　　　8. 参与　　　9. 随时随地
10. 诚信

二、填入合适的词语组成短语。（仅供参考）

1. 调查　　　项目
2. 货物　　　办公用品
3. 新产品　　成果
4. 工作　　　学习
5. 产品　　　品牌
6. 质量　　　效率

三、选择正确答案。

1. C　　　2. A　　　3. D
4. B　　　5. C　　　6. A

四、用所给词语完成句子。（仅供参考）

1. 既然工作已经完成了

2. 的确是一家值得合作的公司
3. 以便随时随地工作
4. 去杭州采购原材料
5. 还要与公司有共同的目标和追求
6. 工作效率提高了很多
7. 对消费者来说
8. 积极参与到这项活动中来

副课文练习

一、根据课文内容判断正误。

1. √　　　2. ×　　　3. ×
4. √　　　5. ×　　　6. √

二、词语连线。

1. d　　　2. e　　　3. b
4. f　　　5. c　　　6. a

三、选词填空。

1. 一炮走红　2. 退缩　　　3. 储备
4. 投放　　　5. 知难而上　6. 研制
7. 局面　　　8. 例如　　　9. 如此
10. 特征

第十课　海尔服务美名传

课前预习

根据课文内容选择正确答案。

1. B　　　2. B　　　3. D
4. B　　　5. A

即学即用（仅供参考）

1.（1）你刚出办公室
　（2）老板就打电话催了
　（3）刚离开
2.（1）该地区劳动力的平均年薪为6.24万美
　　元，比全美平均水平高出60%。

（2）23日的入境旅客人数高达5.1万人次，比平日的人流量高出一倍。

（3）欧洲番茄原料价格高，劳动力贵，番茄制品的生产成本比中国高出30%至40%。

3.（1）近期我们开拓了东南亚市场。

（2）我之前在这家公司实习过半年。

（3）小李是海归人才，又会说英语和日语，能力很强。

综合练习

听说练习

一、根据听到的句子和它的三个应答，选择最恰当的应答。

1. B 2. B 3. B
4. C 5. A 6. B

二、根据听到的对话，选择最恰当的答案。

1. D 2. A 3. B
4. D 5. D 6. D

三、根据听到的两段话，选择正确答案。

1. D 2. D 3. C
4. A 5. D 6. A

四、根据听到的内容填空。

1. 保修 2. K5957c 3. 产品序号
4. 436 5. 2012年2月26日

读写练习

一、选词填空。

1. 维护 2. 维修
3. 保持 4. 焕然一新
5. 耽误 6. 登门
7. 收拾 8. 面露难色
9. 验收 10. 满意

二、填入合适的词语组成短语。（仅供参考）

1. 时间 工作
2. 拜访 感谢
3. 房间 桌子
4. 家具 衣服
5. 服务 质量
6. 研究 考察
7. 家电 电脑
8. 权益 名誉

三、选择合适的词语填空。

1. 原来 2. 然而
3. 进行 4. 刚
5. 因为……所以 6. 既然……就

四、用所给词语完成句子。（仅供参考）

1. 因为还在保修期之内
2. 实在太累了
3. 就收拾好东西下楼了
4. 比上个季度高出20%
5. 从来不迟到
6. 原来他陪老板接待客人去了
7. 一般从上午9点至晚上9点半
8. 还是让李经理去吧

副课文练习

一、根据课文内容回答下列问题。

1. 他不相信，怀疑。
2. 妻子厂里"排忧解难小组"的人。
3. 企业为员工解除了后顾之忧，使员工能够全身心地投入到工作中。
4. 想要员工心里有你的企业，你的心里就要有员工。要让员工爱企业，企业就首先要爱员工。
5. 海尔公司。
6. 规范每个组织成员的行为，使每一个成员融入到这个大家庭中。

二、填入合适的词语组成短语。（仅供参考）

1. 水　电
2. 感触　体会
3. 尊敬　市场
4. 警报　后顾之忧
5. 购买　一读
6. 报纸　文章
7. 集体　团队
8. 步伐　前进

三、选词填空。

1. 凝聚力
2. 值得
3. 投稿
4. 感人
5. 后顾之忧
6. 厚爱
7. 解除
8. 奉献
9. 排忧解难
10. 启示

总词表 Vocabulary

一般词语 General words

简体	繁体	拼音	词性	英文释义	所在课
A					
按揭	按揭	ànjiē	*v.*	mortgage	L2
熬夜	熬夜	áoyè	*v.*	stay up late	L5副
B					
白领	白領	báilǐng	*n.*	white collar	L7
百货业	百貨業	bǎihuòyè	*n.*	department store	L5副
保持	保持	bǎochí	*v.*	keep	L10
报告	報告	bàogào	*n.*	report	L5副
笔	筆	bǐ	*mw.*	sum	L3副
毕竟	畢竟	bìjìng	*adv.*	after all	L7
避免	避免	bìmiǎn	*v.*	avoid	L4
贬值	貶值	biǎnzhí	*v.*	devaluate	L2副
便捷	便捷	biànjié	*adj.*	convenient	L1副
表达	表達	biǎodá	*v.*	express	L4副
表扬	表揚	biǎoyáng	*v.*	praise	L4副
播放	播放	bōfàng	*v.*	broadcast	L7
补充	補充	bǔchōng	*v.*	add	L4
部件	部件	bùjiàn	*n.*	component parts	L10
不然	不然	bùrán	*conj.*	otherwise	L6副
不相上下	不相上下	bùxiāng-shàngxià	*idiom.*	be equally matched	L5
不虚此行	不虛此行	bùxū-cǐxíng	*idiom.*	a worthwhile journey	L6副
C					
材料	材料	cáiliào	*n.*	material	L2
踩	踩	cǎi	*v.*	stamp, tramp	L4
采购	採購	cǎigòu	*v.*	purchase	L6副
参与	參與	cānyù	*v.*	participate	L9
操作	操作	cāozuò	*v.*	operate	L1

策划	策劃	cèhuà	v.	plan	L7
册子	冊子	cèzi	n.	brochure	L10副
查找	查找	cházhǎo	v.	search for	L8副
超级	超級	chāojí	adj.	super	L8
车流	車流	chēliú	n.	stream of cars	L5副
彻底	徹底	chèdǐ	adj./adv.	thorough/thoroughly	L4
彻夜未眠	徹夜未眠	chèyè-wèimián	idiom.	have not slept all night	L3副
陈旧	陳舊	chénjiù	adj.	old	L4
陈列	陳列	chénliè	v.	display	L5副
成交	成交	chéngjiāo	v.	conclude a deal	L9
成交价	成交價	chéngjiāojià	n.	transaction price	L2
诚信	誠信	chéngxìn	adj.	credibility and integrity	L9
持卡人	持卡人	chíkǎrén	n.	card holder	L1副
迟早	遲早	chízǎo	adv.	sooner or later	L8
持之以恒	持之以恒	chízhī yǐhéng	idiom.	to persevere in	L10副
冲动	衝動	chōngdòng	v./n.	be on an impulse	L7副
充足	充足	chōngzú	adj.	sufficient	L3
宠物	寵物	chǒngwù	n.	pet	L8副
愁眉不展	愁眉不展	chóuméi-bùzhǎn	idiom.	look worried	L4副
出击	出擊	chūjī	v.	start off for attack	L9副
出口	出口	chūkǒu	v.	export	L6副
出行	出行	chūxíng	v.	go out	L1副
储备	儲備	chǔbèi	v./n.	to reserve/store for future use	L9副
储蓄卡	儲蓄卡	chǔxùkǎ	n.	debit card	L4副
传	傳	chuán	v.	pass	L10
纯棉	純棉	chúnmián	n.	pure cotton	L6
从来	從來	cónglái	adv.	always	L3副
促销	促銷	cùxiāo	v.	promote sales	L5
存活率	存活率	cúnhuólù	n.	survival rate	L9副
存款	存款	cúnkuǎn	v./n.	deposit money;bank savings	L1
存折	存摺	cúnzhé	n.	deposit book;bankbook	L1

D					
打交道	打交道	dǎjiāodào	v.	come into contact with	L6副
打扰	打擾	dǎrǎo	v.	bother	L10
大厅	大廳	dàtīng	n.	lobby	L1
代代相传	代代相傳	dàidài-xiāngchuán	idiom.	hand down from generation to generation	L9副

贷款	貸款	dàikuǎn	*n./v.*	loan	L2
耽误	耽誤	dānwu	*v.*	delay	L10
到账	到賬	dàozhàng	*v.*	paid up	L4
登门	登門	dēngmén	*v.*	visit	L10
等额本金	等額本金	děng'é běnjīn	*n.*	matching the principal repayment	L2
等额本息	等額本息	děng'é běnxī	*n.*	average capital plus interest	L2
的确	的確	díquè	*adv.*	indeed	L9
递	遞	dì	*v.*	pass	L1
递减	遞減	dìjiǎn	*v.*	decrease progressively	L2
地域	地域	dìyù	*n.*	region	L8
地砖	地磚	dìzhuān	*n.*	ground tile	L4
点击率	點擊率	diǎnjīlù	*n.*	click-through rate	L8副
典雅	典雅	diǎnyǎ	*adj.*	elegant	L7
电流	電流	diànliú	*n.*	electric current	L10
调查	調查	diàochá	*v.*	investigate	L1副
订货	訂貨	dìnghuò	*v.*	order goods	L6
定期	定期	dìngqī	*n.*	regular	L4
定位	定位	dìngwèi	*v.*	position	L7
独当一面	獨當一面	dúdāng-yīmiàn	*idiom.*	shoulder responsibilities alone	L5副
独特	獨特	dútè	*adj.*	unique	L6

F					
发表	發表	fābiǎo	*v.*	express	L4
发布	發布	fābù	*v.*	issue	L8副
发火	發火	fāhuǒ	*v.*	get angry	L3副
发货	發貨	fāhuò	*v.*	dispatch goods	L6
发生	發生	fāshēng	*v.*	take place	L4
翻译	翻譯	fānyì	*v./n.*	translate/translation	L6副
返	返	fǎn	*v.*	return	L7副
反馈	反饋	fǎnkuì	*v.*	feedback	L9
反映	反映	fǎnyìng	*v.*	reflect; report	L5
方案	方案	fāng'àn	*n.*	plan	L9
方式	方式	fāngshì	*n.*	way	L2
房东	房東	fángdōng	*n.*	landlord	L3
房款	房款	fángkuǎn	*n.*	housing payment	L3副
防止	防止	fángzhǐ	*v.*	prevent	L8副
纷纷	紛紛	fēnfēn	*adv.*	one after another	L8副
分门别类	分門別類	fēnmén-biélèi	*idiom.*	arrange into sorts	L8副

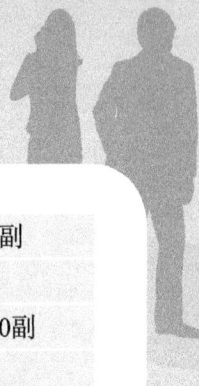

分期	分期	fēnqī	*v.*	by stages	L1副
风行	風行	fēngxíng	*v.*	be in fashion	L7
奉献	奉獻	fèngxiàn	*v.*	devote	L10副
否则	否則	fǒuzé	*conj.*	or	L2
孵	孵	fū	*v.*	hatch	L9副
赴	赴	fù	*v.*	go	L8副
付出	付出	fùchū	*v.*	pay	L5副
附件	附件	fùjiàn	*n.*	attachment	L5副
附近	附近	fùjìn	*n.*	vicinity	L3
复印件	複印件	fùyìnjiàn	*n.*	copy	L2

		G			
感动	感動	gǎndòng	*v.*	be moved	L4副
赶紧	趕緊	gǎnjǐn	*adv.*	hurriedly	L4副
感人	感人	gǎnrén	*v.*	touching	L4副
高层	高層	gāocéng	*n.*	high-rise	L3
高端	高端	gāoduān	*n.*	high-end	L7
高管	高管	gāoguǎn	*n.*	senior executive	L2副
高贵	高貴	gāoguì	*adj.*	honorably upright	L7
根据	根據	gēnjù	*prep.*	according to	L1副
更换	更換	gēnghuàn	*v.*	replace	L4
更新	更新	gēngxīn	*v.*	renew	L4
工程师	工程師	gōngchéngshī	*n.*	engineer	L9
公公	公公	gōnggong	*n.*	father-in-law	L3副
功能	功能	gōngnéng	*n.*	function	L1副
构成	構成	gòuchéng	*v.*	constitute	L9副
故事	故事	gùshi	*n.*	story	L4副
顾问	顧問	gùwèn	*n.*	advisor	L9
刮目相看	刮目相看	guāmù-xiāngkàn	*idiom.*	look sb. with new eyes	L4副
观念	觀念	guānniàn	*n.*	concept	L2副
关于	關於	guānyú	*prep.*	about	L5
关注	關注	guānzhù	*v.*	focus on	L5
管道	管道	guǎndào	*n.*	pipe	L10
管理	管理	guǎnlǐ	*v.*	manage	L4
管理员	管理員	guǎnlǐyuán	*n.*	supervisor	L4副
光	光	guāng	*adv.*	only	L4
光顾	光顧	guānggù	*v.*	patronize	L8副
广泛	廣泛	guǎngfàn	*adj.*	extensive	L7

| 过时 | 過時 | guòshí | *adj.* | out-of-date | L7副 |

H

海报	海報	hǎibào	*n.*	poster	L6
核对	核對	héduì	*v.*	check	L1
合算	合算	hésuàn	*adj.*	worthwhile	L2
合约	合約	héyuē	*n.*	agreement	L2
厚爱	厚愛	hòu'ài	*v.*	greatly love	L10副
后顾之忧	後顧之憂	hòugù zhīyōu	*idiom.*	troubles back at home	L10副
互联网	互聯網	hùliánwǎng	*n.*	Internet	L8
护照	護照	hùzhào	*n.*	passport	L1
划算	劃算	huásuàn	*adj.*	worthwhile	L2副
还贷	還貸	huándài	*v.*	repay loan	L2
还款	還款	huánkuǎn	*v.*	repay	L2
换货	換貨	huànhuò	*v.*	exchange goods	L5
焕然一新	焕然一新	huànrán-yīxīn	*idiom.*	take a totally new look	L10
回报	回報	huíbào	*v.*	return	L5副
汇款	匯款	huìkuǎn	*v.*	remit money	L1
绘制	繪制	huìzhì	*v.*	paint	L6
汇总	匯總	huìzǒng	*v.*	gather	L8副
货比三家	貨比三家	huòbǐsānjiā	*idiom.*	shop around	L8副

J

积分	積分	jīfēn	*n.*	credit card points	L1副
积攒	積攢	jīzǎn	*v.*	accumulate	L3副
即	即	jí	*v.*	that is	L7副
及时	及時	jíshí	*adj.*	in time	L7
集中	集中	jízhōng	*v.*	concentrate	L8
季度	季度	jìdù	*n.*	quarter	L5
记录	記錄	jìlù	*v.*	record	L4副
寄养	寄養	jìyǎng	*v.*	entrust one's child or pet to the care of sb.	L8副
家常便饭	家常便飯	jiācháng-biànfàn	*idiom.*	common occurrence	L5副
加大	加大	jiādà	*v.*	increase	L5
家具	家具	jiājù	*n.*	furniture	L6副
加收	加收	jiāshōu	*v.*	charge more	L6
家务	家務	jiāwù	*n.*	housework	L8副
加油	加油	jiāyóu	*v.*	refuel	L1副

价值	價值	jiàzhí	*n.*	value	L9
将	將	jiāng	*prep.*	take	L8
交货	交貨	jiāohuò	*v.*	deliver goods	L6
交易会	交易會	jiāoyìhuì	*n.*	trade fair	L6
结婚	結婚	jiéhūn	*v.*	marry	L3副
节节	節節	jiéjié	*mv.*	steadily	L8副
洁净	潔净	jiéjìng	*adj.*	clean	L10
结论	結論	jiélùn	*n.*	conclusion	L5副
解除	解除	jiěchú	*v.*	remove	L10副
锦旗	錦旗	jǐnqí	*n.*	silk banner (as an award or a gift)	L4副
尽	盡	jìn	*adv.*	to the greatest extent	L8
尽力	盡力	jìnlì	*v.*	strive	L4
进入	進入	jìnrù	*v.*	enter	L7
经历	經歷	jīnglì	*v.*	experience	L4副
精英	精英	jīngyīng	*n.*	elite	L7
居留证	居留證	jūliúzhèng	*n.*	residence permit	L2
局面	局面	júmiàn	*n.*	situation	L9副
据	據	jù	*prep.*	according to	L1副
俱乐部	俱樂部	jùlèbù	*n.*	club	L1副

K					
开户	開户	kāihù	*v.*	open an account	L1
开口	開口	kāikǒu	*v.*	have an opening	L6
开通	開通	kāitōng	*v.*	open	L1
看中	看中	kànzhòng	*v.*	take a fancy to	L2
客户群	客户群	kèhùqún	*n.*	client base	L5
客流	客流	kèliú	*n.*	passenger flow	L5副

L					
老少皆宜	老少皆宜	lǎoshǎo-jiēyí	*idiom.*	beneficial to all ages	L4
理财	理財	lǐcái	*v.*	manage money matters	L1副
礼服	禮服	lǐfú	*n.*	formal attire	L5
理念	理念	lǐniàn	*n.*	concept	L4副
力度	力度	lìdù	*n.*	strength	L5
历来	歷來	lìlái	*adv.*	always	L8副
利率	利率	lìlù	*n.*	interest rate	L2
历年	歷年	lìnián	*n.*	over the years	L5
利息	利息	lìxī	*n.*	interest	L2

利用	利用	lìyòng	*v.*	make use of	L7
联名	聯名	liánmíng	*v.*	jointly	L4
料理	料理	liàolǐ	*v.*	take care of	L8副
猎捕	獵捕	liè bǔ	*v.*	hunt	L9副
临时	臨時	línshí	*adj.*	temporary	L2
漏水	漏水	lòushuǐ	*v.*	leak	L4

M					
买家	買家	mǎijiā	*n.*	buyer	L6副
满意度	滿意度	mǎnyìdù	*n.*	satisfaction	L5
满足	滿足	mǎnzú	*v.*	satisfy	L4
媒体	媒體	méitǐ	*n.*	media	L7
没准儿	沒準兒	méizhǔnr	*v.*	perhaps	L3副
美容	美容	měiróng	*v.*	improve one's looks	L1副
梦想	夢想	mèngxiǎng	*n.*	dream	L2副
秘诀	秘訣	mìjué	*n.*	secret	L8
密码	密碼	mìmǎ	*n.*	code, pin	L1
面露难色	面露難色	miànlù nánsè	*idiom.*	appear to be in trouble	L10
明确	明確	míngquè	*adj.*	explicit	L9
目标	目標	mùbiāo	*n.*	goal	L8

N					
凝聚力	凝聚力	níngjùlì	*n.*	cohesion	L10副
扭伤	扭傷	niǔshāng	*v.*	sprain	L4
女性	女性	nǚxìng	*n.*	female	L7

P					
排队	排隊	páiduì	*v.*	join a queue	L1
排忧解难	排憂解難	páiyōu-jiěnán	*idiom.*	exclude the difficulty and anxiety	L10副
攀升	攀昇	pānshēng	*v.*	go up	L8副
佩服	佩服	pèifú	*v.*	admire	L6副
平台	平臺	píngtái	*n.*	platform	L8
婆婆	婆婆	pópo	*n.*	mother-in-law	L3副
破裂	破裂	pòliè	*v.*	break	L4
普遍	普遍	pǔbiàn	*adj.*	universal	L1副

Q					
期限	期限	qīxiàn	*n.*	time limit	L2

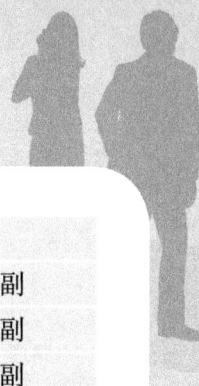

签订	簽訂	qiāndìng	v.	sign	L2
千万	千萬	qiānwàn	adv.	by all means	L7副
抢	搶	qiǎng	v.	rob	L9副
亲戚	親戚	qīnqi	n.	relative	L8副
清仓	清倉	qīngcāng	v.	make an inventory of warehouses	L7副
清洁	清潔	qīngjié	v.	clean	L10
清洗剂	清洗劑	qīngxǐjì	n.	cleaning agent	L10
区域	區域	qūyù	n.	area	L8
取款	取款	qǔkuǎn	v.	draw money	L1
全额	全額	quán'é	n.	in full	L2副
全球	全球	quánqiú	n.	globe, the whole world	L8

			R		
然而	然而	rán'ér	conj.	however	L7副
人流	人流	rénliú	n.	stream of people	L5副
仍然	仍然	réngrán	adv.	still	L8
日益	日益	rìyì	adv.	increasingly	L1副
融入	融入	róngrù	v.	integrate into	L9
如此	如此	rúcǐ	pron.	so, such	L9副
如今	如今	rújīn	n.	at present	L5

			S		
商机	商機	shāngjī	n.	business opportunity	L8
商量	商量	shāngliang	v.	discuss	L3副
商圈	商圈	shāngquān	n.	trading area	L5副
商务	商務	shāngwù	n.	business	L1副
设	設	shè	v.	set up	L1副
设备	設備	shèbèi	n.	facilities	L4
社交	社交	shèjiāo	v.	social contact	L5
社区	社區	shèqū	n.	community	L10
深刻	深刻	shēnkè	adj.	deep	L7
深有感触	深有感觸	shēnyǒu gǎnchù	idiom.	be deeply touched	L10副
审核	審核	shěnhé	v.	examine and verify	L2
甚至	甚至	shènzhì	conj.	even	L7副
省心	省心	shěngxīn	v.	save worries	L1副
剩余	剩餘	shèngyú	v.	remain	L2
拾金不昧	拾金不昧	shíjīn-bùmèi	idiom.	not pocket the money one picks up	L4副

实现	實現	shíxiàn	v.	realize	L2副
实在	實在	shízài	adv.	really	L10
事故	事故	shìgù	n.	accident	L4
事实	事實	shìshí	n.	fact	L8副
收集	收集	shōují	v.	collect	L6副
收取	收取	shōuqǔ	v.	charge	L2
收入	收入	shōurù	n.	income	L2副
收拾	收拾	shōushi	v.	put in order	L10
首付	首付	shǒufù	n.	down payment	L2
手工	手工	shǒugōng	v.	make by hand	L6
寿命	壽命	shòumìng	n.	life	L10
瘦弱	瘦弱	shòuruò	adj.	thin	L9副
受益匪浅	受益匪淺	shòuyì-fěiqiǎn	idiom.	benefit a lot	L8
数据	數據	shùjù	n.	data	L5副
刷卡	刷卡	shuākǎ	v.	swipe a card	L1副
甩卖	甩賣	shuǎimài	v.	sell at reduced prices	L7副
双币	雙幣	shuāngbì	n.	dual-currency	L1副
双面	雙面	shuāngmiàn	adj.	two-sided	L6
私家车	私家車	sījiāchē	n.	private car	L1副
搜集	搜集	sōují	v.	collect	L8副
素质	素質	sùzhì	n.	quality	L4副
随时随地	隨時隨地	suíshí-suídì	idiom.	whenever and wherever possible	L9
随着	隨着	suízhe	prep.	with	L8
损坏	損壞	sǔnhuài	v.	break down	L4
损失	損失	sǔnshī	n/v.	loss/lose	L4副

			T		
踏步机	踏步機	tàbùjī	n.	treadmill	L4
探亲	探親	tànqīn	v.	visit relatives	L8副
陶瓷	陶瓷	táocí	n.	pottery and porcelain	L6副
讨价还价	討價還價	tǎojià-huánjià	idiom.	bargain	L6副
套	套	tào	mw.	set	L2
特价	特價	tèjià	n.	special offer	L7副
特征	特徵	tèzhēng	n.	characteristic	L9副
提供	提供	tígōng	v.	provide	L1副
提交	提交	tíjiāo	v.	submit to	L5副
提议	提議	tíyì	v.	propose	L4
体现	體現	tǐxiàn	v.	embody	L7

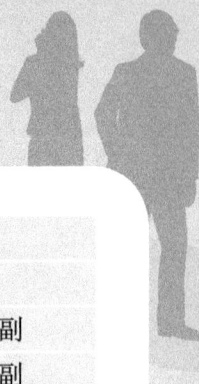

挑选	挑選	tiāoxuǎn	v.	select	L7
条款	條款	tiáokuǎn	n.	clause	L3
通过	通過	tōngguò	prep	through	L2副
通用	通用	tōngyòng	v.	apply universally	L1副
同时	同時	tóngshí	conj.	at the same time	L8
同行	同行	tóngxíng	v.	travel together	L8副
投	投	tóu	v.	put in	L10副
投标	投標	tóubiāo	v.	bid	L9
投放	投放	tóufàng	v.	put in	L9副
投资	投資	tóuzī	v.	invest	L2副
透支	透支	tòuzhī	v.	overdraw	L1副
突出	突出	tūchū	v./adj.	highlight/conspicuous	L7
图案	圖案	tú'àn	n.	design	L6
途径	途徑	tújìng	n.	way	L8
推	推	tuī	v.	push	L1副
推迟	推遲	tuīchí	v.	delay	L2副
推销	推銷	tuīxiāo	v.	promote sales	L7副
退缩	退縮	tuìsuō	v.	shrink back	L9副

			W		
外贸	外貿	wàimào	n.	foreign trade	L6副
外企	外企	wàiqǐ	n.	foreign company	L2
完备	完備	wánbèi	adj.	complete	L3副
完成	完成	wánchéng	v.	finish	L1
婉言	婉言	wǎnyán	n.	polite words	L4副
旺季	旺季	wàngjì	n.	boom season	L8副
旺盛	旺盛	wàngshèng	adj.	vigorous	L1副
维护	維護	wéihù	v.	maintenance	L4
维修	維修	wéixiū	v.	maintain	L10
违约金	違約金	wéiyuējīn	n.	penalty	L2
委员会	委員會	wěiyuánhuì	n.	committee, commission	L4
喂食	喂食	wèishí	v.	feed	L9副
文案	文案	wén'àn	n.	official documents and letters	L7
文具	文具	wénjù	n.	stationery	L6副
稳定	穩定	wěndìng	adj.	stable	L3副
窝	窩	wō	mw.	nest	L9副
污垢	污垢	wūgòu	n.	dirt	L10
无限	無限	wúxiàn	adj.	unlimited	L8

五折	五折	wǔzhé	*n.*	50% off	L7副
物美价廉	物美價廉	wùměi-jiàlián	*idiom.*	superior quality and competitive price	L7副
物业	物業	wùyè	*n.*	property	L4
物有所值	物有所值	wùyǒu-suǒzhí	*idiom.*	good value for money	L5

			X		
喜闻乐见	喜聞樂見	xǐwén-lèjiàn	*idiom.*	love to see and hear	L7
洗浴	洗浴	xǐyù	*v.*	bathe	L3
下辈子	下輩子	xiàbèizi	*n.*	next life	L3副
下单	下單	xiàdān	*v.*	place an order	L6副
限定	限定	xiàndìng	*v.*	restrict	L7副
陷阱	陷阱	xiànjǐng	*n.*	trap	L7副
限时	限時	xiànshí	*v./n.*	within a certain time limit	L7副
限制	限制	xiànzhì	*v.*	restrict	L8
享受	享受	xiǎngshòu	*v.*	enjoy	L1副
向导	嚮導	xiàngdǎo	*n.*	guide	L8副
项目	項目	xiàngmù	*n.*	project	L5副
消费力	消費力	xiāofèilì	*n.*	spending power	L1副
消耗品	消耗品	xiāohàopǐn	*n.*	articles of consumption	L2副
小区	小區	xiǎoqū	*n.*	residential quarters	L4
效率	效率	xiàolǜ	*n.*	efficiency	L9
协会	協會	xiéhuì	*n.*	association	L6
谢绝	謝絕	xièjué	*v.*	decline with thanks	L4副
谢意	謝意	xièyì	*n.*	thanks	L4副
新奇	新奇	xīnqí	*adj.*	novel	L6副
新鲜	新鮮	xīnxiān	*adj.*	fresh	L8
新意	新意	xīnyì	*n.*	new ideas	L7
信任	信任	xìnrèn	*v.*	trust	L4副
信息化	信息化	xìnxīhuà	*v.*	informatization	L9
醒目	醒目	xǐngmù	*adj.*	attention attracting	L7副
幸好	幸好	xìnghǎo	*adv.*	fortunately	L6副
凶	凶	xiōng	*adj.*	ferocious	L9副
选购	選購	xuǎngòu	*v.*	pick up and buy	L6
削价	削價	xuējià	*v.*	cut price	L7副
询价	詢價	xúnjià	*v.*	enquire	L6副

			Y		
押金	押金	yājīn	*n.*	deposit	L3

压力	壓力	yālì	*n.*	pressure	L5副
延长	延長	yáncháng	*v.*	prolong	L10
言过其实	言過其實	yánguò qíshí	*idiom.*	exaggerate	L9
严谨	嚴謹	yánjǐn	*adj.*	strict	L6副
研究员	研究員	yánjiūyuán	*n.*	researcher	L5副
研制	研製	yánzhì	*v.*	research and develop	L9副
严重	嚴重	yánzhòng	*adj.*	serious	L4
眼花缭乱	眼花繚亂	yǎnhuā-liáoluàn	*idiom.*	dazzling	L7副
眼球	眼球	yǎnqiú	*n.*	eyeball	L7
验收	驗收	yànshōu	*v.*	check and accept	L10
阳光	陽光	yángguāng	*n.*	sunlight	L3
摇	搖	yáo	*v.*	shake	L3副
业主	業主	yèzhǔ	*n.*	proprietor	L4
一次性	一次性	yīcìxìng	*n.*	disposable	L2副
一炮走红	一炮走紅	yīpào-zǒuhóng	*idiom.*	become an instant hit	L9副
一式两份	一式兩份	yīshì-liǎngfèn	*idiom.*	in duplicate	L3
以内	以內	yǐnèi	*n.*	within	L3
印象	印象	yìnxiàng	*n.*	impression	L7
鹰	鷹	yīng	*n.*	eagle	L9副
营销	營銷	yíngxiāo	*v.*	marketing	L5副
影响	影響	yǐngxiǎng	*n./v.*	influence	L2副
应对	應對	yìngduì	*v.*	cope with	L6副
硬盘	硬盤	yìngpán	*n.*	hard disk	L9
拥有	擁有	yōngyǒu	*v.*	own	L1副
用餐	用餐	yòngcān	*v.*	take meal	L7副
优惠	優惠	yōuhuì	*adj.*	favorable	L7副
尤其	尤其	yóuqí	*adv.*	especially	L8副
有理有据	有理有據	yǒulǐ-yǒujù	*idiom.*	reasonable and substantiate	L5副
羽翼丰满	羽翼豐滿	yǔyì-fēngmǎn	*idiom.*	become full-fledged	L9副
原件	原件	yuánjiàn	*n.*	original material	L2
原先	原先	yuánxiān	*n.*	former	L8副
月供	月供	yuègōng	*n.*	monthly mortgage payment	L3副

Z					
杂货	雜貨	záhuò	*n.*	groceries	L6副
攒	攢	zǎn	*v.*	accumulate	L2副
早日	早日	zǎorì	*adv.*	early	L8
早晚	早晚	zǎowǎn	*adv.*	sooner or later	L3副

增设	增設	zēngshè	v.	add	L4
增值	增值	zēngzhí	v.	add value	L1副
展品	展品	zhǎnpǐn	n.	exhibit	L6
展示	展示	zhǎnshì	v.	display	L9
展位	展位	zhǎnwèi	n.	booth	L6
占领	占領	zhànlǐng	v.	occupy	L8
占有率	占有率	zhànyǒulù	n.	occupancy	L5
张贴	張貼	zhāngtiē	v.	put up	L6
掌握	掌握	zhǎngwò	v.	master	L6副
招标	招標	zhāobiāo	v.	invite bids	L9
招聘	招聘	zhāopìn	v.	recruit	L4副
折扣	折扣	zhékòu	n.	discount	L8副
者	者	zhě	pron.	person	L1副
知难而上	知難而上	zhīnán'érshàng	idiom.	bravely face the challenge	L9副
值班	值班	zhíbān	v.	be on duty	L1
值得	值得	zhídé	adj	worth	L2副
职业	職業	zhíyè	n.	profession, occupation	L1副
制订	制訂	zhìdìng	v.	make	L5
制冷	製冷	zhìlěng	v.	refrigerate	L10
质量	質量	zhìliàng	n.	quality	L2副
制作	製作	zhìzuò	v.	make	L9
中档	中檔	zhōngdàng	adj.	intermediate	L2副
中介公司	中介公司	zhōngjiè-gōngsī	n.	real estate agent	L2
忠实	忠實	zhōngshí	adj.	loyal	L7
中心	中心	zhōngxīn	n.	center	L8
中标	中標	zhòngbiāo	v.	win a bid	L9
周转	周轉	zhōuzhuǎn	v.	turn over	L2副
逐步	逐步	zhúbù	adv.	step by step	L8
逐月	逐月	zhúyuè	adv.	month by month	L2
主办	主辦	zhǔbàn	v.	host	L6
主任	主任	zhǔrèn	n.	director	L4
注册	注冊	zhùcè	v.	register	L1
助理	助理	zhùlǐ	n.	assistant	L9
祝愿	祝願	zhùyuàn	v.	wish	L8
专门	專門	zhuānmén	adv.	specially	L8副
专业	專業	zhuānyè	adj.	professional	L8
转向	轉向	zhuǎnxiàng	v.	turn to	L8
转眼	轉眼	zhuǎnyǎn	v.	in a flash	L5副

装修	裝修	zhuāngxiū	*v./n.*	decorate/decoration	L3
资金	資金	zījīn	*n.*	fund	L2副
咨询	咨詢	zīxún	*v.*	consult	L1
资讯	資訊	zīxùn	*n.*	information	L7
资源	資源	zīyuán	*n.*	resource	L8
综合	綜合	zōnghé	*v.*	summarize	L5副
总之	總之	zǒngzhī	*conj.*	in short	L7副
租	租	zū	*v.*	rent, lease	L3
租赁	租賃	zūlìn	*v.*	rent	L1副

专有名词　Proper nouns

简体	繁体	拼音	英文释义	所在课
A				
ATM机	ATM機	ATM jī	ATM (Automatic Teller Machine)	L1
C				
长虹	長虹	Chánghóng	Changhong (one of China's brands for household appliances)	L9副
G				
广发银行	廣發銀行	Guǎngfā Yínháng	Guangdong Development Bank	L1副
广交会	廣交會	Guǎngjiāohuì	Guangzhou Trade Fair	L6副
H				
湖北	湖北	Húběi	Hubei	L8副
J				
建设银行	建設銀行	Jiànshè Yínháng	Construction Bank	L1副
L				
龙卡	龍卡	Lóngkǎ	Dragon Card	L1副
M				
牡丹卡	牡丹卡	Mǔdānkǎ	Peony Card	L1
N				
南航明珠卡	南航明珠卡	Nánháng Míngzhūkǎ	Pearl Credit Card of China Southern Airlines	L1副

		R		
瑞丽俱乐部	瑞麗俱樂部	Ruìlì Jùlèbù	Rali Club	L1副

		S		
上海银行	上海銀行	Shànghǎi Yínháng	Bank of Shanghai	L2

		Z		
招商银行	招商銀行	Zhāoshāng Yínháng	China Merchants Bank	L1副
中国工商银行	中國工商銀行	Zhōngguó Gōngshāng Yínháng	ICBC (Industrial and Commercial Bank of China)	L1